人生小語

獻給母親

祝賀她八秩晉八生日

——即使中風病倒也在復健中

活成他人的榜樣

（代前言）

人生的病和病的人生

——退休陪病的情思

0

人生有病，病也人生。

1

和母親約好，早日退休之後，常返家鄉和她居住，陪她到日本鄉下長留靜養，觀光旅遊。一切都準備就緒。突然，她病倒了。

母親自己和我們全家都絕無心理準備。她雖然年過八十七歲，卻是個最不像是會中風的人。

「最不像會中風」只是表面現象。母親一生辛苦操勞，克己含忍；只顧子女，不為自己。七八十年來歷經雙親的家道衰落，農村破產，世局變亂，社會轉型的種種打擊；加以四十歲前後，五六年間，祖母、祖父、父親相繼去世。母親在接連而來的情感打擊之下，身心交瘁之餘，還要一手支撐殘破的農家局面，獨自養育幾個尚未長大，有的還在初中，有的仍讀小學的孩子。

八十七年的漫長的一日一日，除了幼童少女時代，在嚴父慈母的教養下，度過充滿希望，寄懷幻想的清寒但卻溫暖的獨生女的日子而外，等她自己長大成人，結婚生子，緊隨著就是一長串又一長串，長得似乎命定，連連環環得無以分解，圈圈相扣的苦命。苦命中無以問天，苦命得只好認命的苦命。

2

母親也許沒有投錯胎，但她卻生錯了時代。

母親的真正母語是在臺灣蘭陽變了音調的漳州話。可是她所受的正式教育，卻是由頭到尾是清廷以「鳥不語，花不香」為由，以「男無情，女無義」為理，不惜把臺灣割讓給日本後的軍國主義教育。她是在中國古老的社會傳統的斷牆裂縫中，在異國文化的嚴峻氣候裡，辛辛苦苦成長的一株小青苗。可是，這樣成長的路途多麼崎嶇多折。在她人生成就的過程中，哪一天沒有偷偷地在心中流淚。

在八九十年前的傳統社會中，一個女子生來好像不是兼為自己的快樂，而是專為他人的幸福。這樣的認知和情懷，早在少女的時代，似乎已經不知不覺地深深烙印在母親的心靈裡。一切都需克己含忍，無論如何只為他人奉獻犧牲。

祖父是位嚴厲而又性急的人。他雖然沒讀過書，但自小苦幹，學師成功。他尊敬包小腳的曾祖母，也誠心祭祖。然而，也許由於自己苦學有成，特別自信己力，完全不求鬼神，亦不同情別人閒懶。他不熱衷於祖母那種誠虔的頻頻拜神，更看不起那些看來身強體壯，但卻攜妻帶子沿門討飯的乞丐。所以，一樣不識字，也同樣勤勞能幹，日本據臺後受命解放小腳，丟棄弓鞋的祖母，常常事事夾在中間，不但左右為難，而且進退無助。然而，近乎一百年前的臺灣蘭陽，那個純樸平靜的小地方，人生萬事，哪一樣無需求神問卜。因此，一年三百六十五天，有哪一日不必謝神還願，或續祈再求。同樣的，在那時的社會經濟情況下，並非人人想做就有工可作。白天街角路邊閒人乞兒並非鮮見。夜晚小偷賊人也需十分提防。可是，無論天上的事怎樣進行，世間的人如何應付，作為一個家庭主婦，除了不必外出工作，賺錢養家這件「大」事而外，其他由上到下，由左到右，由裡而外，由近及遠的萬般「小」事，都得一身承擔，一手包辦。祖母聰明能幹，勤勞多智，自然將屋內整頓得窗明几淨，地面掃抹得發光無塵，把家事辦理得條理井然，百般妥當。偏偏祖父是位嚴厲性急的人。嚴厲的人標準常高，性急的人脾氣必盛。祖母拜神必須不妨礙開飯時間，她要施捨有時只能偷偷進行。由於這樣，祖母常遭批評責罵。何況，嚴厲的人批人必痛，性急的人罵人必怒。雖為能夫賢婦，家中卻也時聞很高頻率的大聲，十分急切的語浪。

母親生來是祖父祖母的掌上明珠，自然倍受雙親寵愛。加以後來讀書用功，努力學習，更步步成了祖父的得力助手。在家中成了明日之星。可是，在這樣的嚴父慈母的家庭生態環境下，從很小很小的年紀開始，母親就學會處處推究事理，時時察顏觀色。多方幫助祖母，善盡家中內務，必使祖父之嚴厲無隙可擊，令他的性急生氣消弭於無形。從小養成的這種萬般體貼，千方憐愛之心，以及事事謹慎，細心對應之情，成了母親日後那看來像是天生，也像是遺傳的含忍無私，克己奉獻的心懷。

3

祖父祖母遭逢清廷割臺之變，許多生活習尚需要加以適應，就連語言文字，都成了不大不小的問題。也許因為這樣，他們更加殷切寄望於自己的獨生女，送她上學讀書。母親也一點都不負期望。她不但認真讀書，而且養成勤於學習，勇於認識新事物，從事新工作，適應新生活的能力和習慣。這是母親多智多能的表現。她雖然屢遭人生挫折，家道衰變和社會轉型，但卻能夠不斷變化自己，提升自己，培養新的能力。儘管千辛萬苦，崎嶇顛撲，但她卻獨立無伴地走出一條成功的路。

年輕的時候，母親在善為鄰居縫製和修改衣服的多能祖母的薰陶下，也學會縫衣做裳。後來更拜師正式學習繪樣裁剪，製作正式的洋裝西服。可是這不是她後來用以工作謀生的唯一技藝。雖然憑著一手細工，她也曾經為附近的日本芳鄰縫製衣服，且結為朋友。

遠在母親離開學校不久，祖父承包建築鎮上一所顯眼的大廈時，她為了協助祖父，不但學會評鑑建築用的木材之優劣等級，知曉如何計算建木材積，更不恥下問地自力學會簿記的原理和方法，以助祖父規管材料進出，工資支付，以及其他收支預算之平衡等方面的事。不僅如此，從老早半懂事的年紀開始，母親就代表祖父，前往需以日語對談的衙門、警局等機構，交涉詢問，以助祖父順利完成工作。在祖父的事業尚未抵達高峰之前，不諳日語的他竟交上一個身當警察的日本朋友。

從少小的時代開始，母親不但能以在校所學所得，協助祖父興業，她還繼續幫忙祖母照管家務。後來還要獨自教育子女。在祖父誤信他人，家道幾乎瀕臨破產的時刻，更能一展舊時專長，前往聯勤被服廠工作，獨撐家計。在祖父的心目中，一定留下一道鮮明的印記：在一個成功的男人的背後，有個聰慧能幹的獨生女。

4

由於父親總是進門坐蓆未暖，就又離家在外。母親二十初過，結婚生子之後，不久曾祖母去世。接下來的漫長的數十年的歲歲月月，絕大部分時間，都與祖父、祖母三人刻苦耐勞，胼手胝足。尤其是和祖母之間，母女情深，相依為命。所以，四十歲那年，祖母去世。母親所受的創痛無與倫比。每晚跪拜哭靈，為時過月。經此變故，母親變得情痛心傷，一身枯瘦。然而，祖父已老，家庭責任益重。除了幾個尚幼的子女的教育，以及家庭內務的一切大大小小的工作而外，也因祖父早已結束木工技藝，留置滿屋的各式建築器械，改而從事小小規模的農耕，而需兼理輔助配合農作的事。特別是在農忙時節，母親一定奔走在燒飯作菜，養人餵豬的廚房，濯衣滌洗的河邊，曬晾穀粟的場地和屯積糧食的穀倉之間，一個人往往擔任幾個人的工作。

更加悲慘的是，三年之後祖父去世。再三年，父親也病故。母親一定做夢也沒有想到，上天竟有如此殘酷的命運安排。

從少女時代開始，母親一定夢想著，要當一位好母親。這一點，她絕對成功，了無遺憾。但她大概萬萬萬萬沒料到，她的後半生所要長長久久擔當的生命角色。在她初當幾年農婦之後，如今必須更進一步擔當一個由頭到腳，由裡而外，時時望天，日日種地的地地道道，不折不扣的農夫。然而，最令人驚異，最令鄰居和親戚驚異，最令所有的人驚異的是，就連這點，她也完完全全成功了。她在臺灣那農村沒落的年代，在那多少農夫棄耕罷作的時期，不僅「胼」了本來學習裁縫，刺繡細工的兩「手」，「胝」了原應保養防侵，穿鞋著襪的雙「足」，她皮膚曬黑，臉龐烤枯，身體蒸瘦。即使並非舉債度日，也明明白白地借錢過年地，把她的子女一個接著一個養育成長，陪伴他們走在人生崎嶇的路上，一直看到他們一個接著一個，個個全部各有事業，各具專長。那串長長長長，聽來幾成幻想的夢，母親克服千艱，排除萬難，一個接著一個將它付諸實現。她絕絕對對地成功了。

可是在那樣的年代裡，在那樣的處境下，母親那樣的命運多麼淒涼難忍，多麼哀傷悲慘。那樣的人生豈能輕輕地只叫作千辛萬苦；那樣的生活再也無法單單稱為做牛做馬。

5

母親當然不是天生的農夫。不但如此，一個瘦弱的女子，一個生育了六個子女之後，在四十六歲過了，才要改變人生方向，入行專業農耕，實在需要堅強的志氣和不屈的毅力，需要一種奮勇直前，百折不撓的精神。更加重要的是，需要一份超然的情懷和深摯的愛心。如果不是決心全力為子女，如果不是志願盡善當母親，任何女人在那種艱難困苦的情況之下，老早斷然宣佈放棄。

田裡的稻子並非請由一隊村工插了秧苗之後，就會自然成長，就會自然含苞結穗，就會自然出穀入倉，就會自然去殼脫糠，就會自然碾成白米。不然的話，「粒粒皆辛苦」有何深刻的意涵。不然的話，「日出而作，日入而息」的農夫生活，豈非淪為閒情野趣的寫照。

母親剛剛下田，沒有經驗，尚未養成技巧之前，總會彷徨失策。要剷除田埂邊的雜草，不知怎樣揮動笨重的長柄鋤刀；下肥之後，要暫止田區間的流水，自己只憑眼看心想的簡單壓方阻水的辦法，卻抵擋不了水滴石穿的日夜浸蝕。其他諸如堆聚稻草成疊成峰的技巧，無論如何直覺模仿，都會滑落，都會崩解……。農耕不僅在於雙手的參與，農事不是流汗就有成就。農家的四季，有許許多多的知識要學習，有不計其數的技術和手藝要精進，更有各式各樣的直觀反應要培養，也有深深淺淺，無止無境的體驗和經歷等待累積。母親用心學習，渴望進步。她追求完美，好勝心強。雖然娥眉瘦弱，不讓男壯。她秉承四十年來的好學勤勞，不恥下問，在試誤練習，反覆改良之間，很快把握要領，進入狀況。勤能生巧，勞可變天。出乎意料之外，她的菜圃栽種出來的菜果，終於與他人的一樣肥美碩大；喜出望外，她的田地耕耘播作收穫的穀粟，產量竟然還比鄰家更好更高。這是勞苦農人的極大安慰。母親在夜晚子女已睡，自己遲遲還在收拾一天的事務，計畫翌日的生計的風輕月明，鳥休人靜的時刻，一定深深欣慰。長年的愛心用情，不但可以令子女力爭上游，學業進步；也真能使園圃的菜果香甜肥美，令田地上的稻穗豐滿結實。上天不負苦心人。上天有情，上天有愛，上天有眼。

一片不大不小的田地，當然不是母親單獨一個人所可能從頭到尾，一年四季，

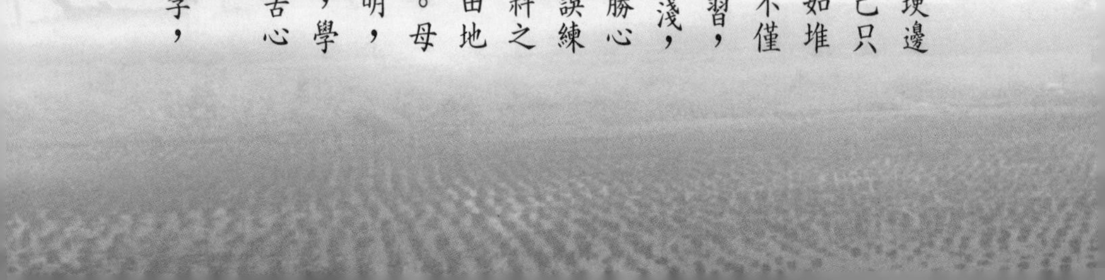

一對手加上一雙腳加以完全包辦。每逢像插秧和收割這類農忙季節，事先的準備，當中的忙碌，以及接著的守成鞏固和善後彌補，在在都考驗著農家的經驗、預備、熟練、勤惰、功力、機智和應變。特別是收割稻子的季節。那不但是農夫全家人口總動員的時候，連穿著開襠褲的幼兒也必須不淘氣，不撒嬌；搖籃裡的嬰兒也不可以亂鬧氣，亂哭啼。這時也是有賴遠親近鄰相互配合，以「換工」替代「僱傭」，「守望」轉成「相助」的時候。這時更是農家除了天災的颱風翻頂傾屋，作物飄零散蕩；除了大水排山倒海，斷路崩堤，大地土流石淹，田園不再；除了蟲蝗病害，稻枯菜毀，滿目瘡痍；除了人禍的戰亂興起，即使不遭兵亂搶掠，也給拆籬壞牆，用來打靶練兵，以致難耕休種，誤時誤農；除此除彼而外的而外，平常，收割是農家最為緊張，最為忙亂，也最是「靠天吃飯」的時候。

祖父、祖母、父親相繼去世後，母親一步一步變成家中唯一的「勞動人口」，其他全是她正在親身親手養育的子女。有的在學，有的待哺。她需教養子女，照顧內外，自然無法在農忙時節外出，和其他左鄰右村的農家換工頂替，彼此協力合作，避免花費僱人。這種時候，母親總得遠地跋涉，走上幾里不止的路，到那因天候地理、或因人文土壤，而遲播、早收或另種其他作物的地方。她去央請親戚代為物色，組成一個收割的農人僱工隊伍，按時成群結隊前來，由破曉到天黑，從事專職的割稻工作。

母親在年輕的時候，擔任過祖父從事建築工事的得力助手，掌管過材料進出、金錢收支和工人僱聘之事，她深明在一樁工事之中，事前的帷幄運籌，統轄計畫的重要。現在，農忙中的僱人收割，她也同樣嚴肅以待，也完全將它比擬為招「兵」動工，買「馬」建設的農作工程。認真思慮，細密為之。她除了必須給招來的農工「食五頓」，三餐坐在家裡從容吃食，中間兩頓點心挑送到田間，供他們填肚果腹而外，還要準備大量茶飲，預燒眾人「浴湯」。甚至，在僱工返家後，還需為他們清洗換下的工作服。晾起掛乾，翌日使用。這還不算，更為吃重而費力辛苦的是，大隊人馬尚未抵達，還未開工前的殊多繁重的預備工作；以及在大伙兒如火如荼地展開收割工作之間，身處曬穀場的烈陽下，或在冒雨搶收的風雨中，主管除蕪存菁，晾乾防霉的善後；以及僱工已去，田間的稻草紮堆依舊分散屹立，家中的稻穀粟粒仍然待晾待乾，等候篩選入倉，這一連串一連串的後續作業。

「凡事豫則立，不豫則廢」。這在母親的心目中，是由小親身體驗出來的道理，不待書本上的後來認知。因此，每逢割稻日子的前夕，她在安頓了子女的晚餐，濯洗了全家衣物，送大家上床安眠之後，自己準備了翌日整隊工人的早餐材料，收拾存放到當時尚未有冰箱的「菜櫥」或蒸籠、菜罩之內後，緊接著就得著手準備那些用來割稻脫穀，用來運穀晾穀的種種器械和工具。水稻的收成絕不是僅用鐮刀和雙手。為了講究效率和成果，那時農家一般總是動用不下十種大大小小，輕重不一，簡繁有異的機械、器物和工具。當中，最重最大的兩種機械，一是靠腳踩動，以它那帶有捲刺浮鉤的大滾筒，從人工割下紮整的稻禾上，脫去一穗一穗的穀粒的「脫穀機」（蘭陽臺語稱為「機器桶」）。另一種大機械則是以手搖動，用來將晾過曬好的穀粒，藉人手搖起的風翼轉板所產生的風力，藉由穀粒輕重有別，扇出之遠近差異，篩選分辨出優良結實的穀子，中等欠豐的稻粒，以及劣粟稻芒等類的蕪雜的半殘的非廢品。這種臺語叫做「風鼓」的「鼓風機」，除了架在上方，用以接受待篩候選的稻粟的「風斗」而外，基本上無論存放或動用，都是整部機器一體搬動的。使用之前，最多釘補機身破板，滴油潤滑轉軸而已。可是那架收割時節的機器主力的脫穀機，情況就大為不同。它是一臺極為笨重的機械組合。除了那含有腳踏、連桿、各式齒輪和配帶著佈滿整個表面，整齊排列，圓滑捲曲的浮鉤的巨大滾筒，作為沉重的機器主體而外，還有鎖釘著堅粗肥重的兩條扁圓巨大的著地滑橇的，幾乎是一樣沉重的，好讓脫穀機放置其上，供人拖行的底板。這還不算，更有嵌掛機體上的，大大的，用來承接因滾筒快速轉動，打擊稻禾，掃穗飛脫而出的穀粒稻芒的大型儲倉，以及懸掛儲倉四周，用以阻擋橫飛四濺的稻粟，但卻既不妨礙前頭伸手脫穀，也不阻滯後頭儲倉開門運作的掛幔垂簾。說來簡單，整座脫穀機只含有四個主要的組成部分。可是當用畢收存時，或當取來重組裝配時，卻可能分拆成十件八件的大小組件，需要各自維護修補。有的需要清洗抹油，有的需要除污去泥，有的需要補縫破綻，有的甚至需要取代更換。所以，在大隊人馬吃過早餐，著裝戴笠，準備要蜂擁出門，下田動手割稻之前，務必組好裝畢這臺起碼需要四個男壯，始能抬往田裡；就是在田間操作，也要兩人披帶拉繩，始能牽引移動的笨重機器。那不是好玩的兒戲。事先一定得裝組調理，準備周全。

母親雖然不一定從書本上接觸到「工欲善其事，必先利其器」的古諺，然而，自小學習裁縫，運用衣車、熨斗、畫筆、曲尺、墊板、紙樣等器物；後來又眼見祖父那些懸掛有序，編列井然的各式大小工具，加上助理工事時，編排調配的經驗，耳濡目染，心神領會，深知在農忙時節，事先保養、修護、裝組、清潔和預先依序排列，整齊擺放，這不但有助於工序順暢，更可以因而節省寶貴的分秒必爭的工作時間。尤其是那比較煩人的裝組和測試脫穀機的工作，母親總是預先親自動手，以免到時大夥僱工七手八腳，浪費原可以用來下田做事的時間，避免忙亂到日出三竿，場空時廢，才有稻產從田間挑回晾曬。

可是裝組這種笨重龐大的機械又不宜過早進行，以免室內無處周轉，室外又怕風吹雨打。所以，收割的前夕或當天的凌晨，那總是母親女當男壯，奮力單獨組合脫穀機的時刻。她總是在準備妥善翌日的菜肴糕點，清點擺置收割、運送和晾曬、搬運所需待用的器具，安排好子女做畢晚間工作，上床就寢之後，拉出脫穀機的主體和底盤，以及其他用以組合該機的儲倉和圍幔所用的木板、竹條、麻簾、繩帶、螺旋扳鉗、螺絲起子、機油瓶罐等等，獨自一個人，一件一件地，一步一步地，一邊接著一邊地，用心用力地，有條有理地，好不容易地，逐步將那臺龐大笨重的機器，重組裝設完畢。可以放心地讓即將結隊而來的僱工，不必浪費時間，一吃過早餐，立即可以扛抬肩挑出外，快速下田收割。

說來容易，聽來也許輕鬆。可是在當年，在農村凋敝的年代，在一個貧困的農家裡，開門千辛苦，閉戶萬事難。為了割稻，母親總要舉債支付人工和其他特別開支。她自己再怎樣省吃節用，勤儉持家；長大在海外的子女，養成日吃二餐，寄錢接濟，也完全改變不了她的農夫窮困。因此，像割稻這樣的農家大事，她只有將自己一個人的心力，擴充放大成為兩個人、三個人的心力。一個人承當兩個人或三個人的工作。不說別的，只是為了讓前來收割的十個八個僱工，吃起來滿意的一日五餐，就得多方計畫運籌。那時沒有冰箱，沒有自來水，沒有煤氣，沒有貨品速遞服務。不論是熱食冷飲都需先經那兩三口大灶燒煮烹調出來。大灶在農忙的日子需要大量的柴火燃料。農家不能光靠買來的木柴或鋸屑，必須就地取材，混合使用大量不是那麼經燒，但卻堆在屋角，成壘成峰的稻草。可是，稻草沒經加工處理，直接送入灶口，任其燃燒，這不但費事，也難產生可以自由控制火力的效果。所以，一般農家總是先把稻草折疊綁捆成一個個小枕頭樣的草捲。大小適中，既方便入灶，又容易計量控制火力。然而，捲捆稻草當作「柴捲」需要時間和功夫。在農事百忙中，像這樣看似平凡簡單的事，一一加起，就變成一堆沒完沒了的雜務。雖然那時女兒漸長，大力幫助母親應付家事農忙，然而，母親總是將辛苦笨重的事，挑在自己的肩上。

就這樣，從白天忙到傍晚，從傍晚忙到入夜，從入夜忙到三更，有時忙到翌日大清早的時分。眼看收割隊伍不待破曉，就會相繼趕到。一大早，三點四點就得起灶點火，開始煮食。這時算算只剩短短的一二小時休息喘氣。在這種緊張的情況下，母親再怎麼勞累，再怎麼愛睏，也不敢上床安眠。被窩太過溫馨，恐怕一睡入夢，誤了大局。只好學舊時祖父乘涼，危臥長條板椅，似睡非睡，假寐偏安，以便趕著在雞啼破曉之前，驚醒翻身，趕上緊張逼人的工作。多少年來，母親在榻榻米的房間，在木板床的被褥上，在涼木蒲蓆的臥室裡，懷嬰哺乳，偎乾就溼。不分季節，遺忘歲月。而今子女稍長，各自安睡在溫馨的床鋪之上，自己卻為了家計，輕眠淺寐在涼涼冷冷的長條椅上。母親的辛苦，只有在午夜裡，供奉在暗淡大廳的油燈前的神靈，明眼見證，聖心感通。

6

今日都市的孩子，若在老師的帶領下，高聲朗誦「粟粟來不易，粒粒皆辛苦」，幼小的心靈大約發生不了感動的反應。不僅如此，就連那帶領幼童朗誦的老師，除非自己曾經親歷其境，或特別善感細心，大約也不容易只憑想像，產生感同身受之情，體會那時窮困農家的辛酸艱難。

一組專門僱來割稻的隊伍一經一字排開，一經揮動手上的鐮刀，一經踩動那臺隆隆作響的脫穀機，二話不說，一下子，一忽兒，就是一擔一擔的稻粟禾芒。不一會，一小堆一小堆地屯聚在門前曬穀場上。那並不是一小山一小山的純粹稻穀，那是一團一團不細心定神，遠看未必看得出內藏豐滿穀粒的菁莠混雜的粟堆。由於清早稻稈上還聚結著滿穗的露珠，雖經人手鐮刀的刈割，機器滾筒捲刺浮鉤的撲打，挑回倒置到曬場地上的，仍然活像是剛由大肚灶的大口鍋裡，掏撈出來的金黃色的雜糧「豬菜」。這時，不論太陽多烈，是風是雨，那溼答答的成堆菁莠混雜的農穫，若不立即加以妥當處理，去蕪存菁，散開風涼日晾，包藏在稻堆內裡的穀粟，很容易誤將周圍的葉稈禾芒，當成蘊種發芽的溫床，趁著積溫，藉著露水，開始進行孕芽出苗的準備。這樣下去，農家一年半載的勞苦，也就真的完全浸水，轉眼泡湯，再也回天乏力，無法魔術還原。

所以每當聽見一擔擔含有水分，起著溫氣的稻穫由田野間挑擔回來，母親必定放下手上的廚活，將它暫時交給女兒，或者關掩灶門，調節火勢，立即奔出屋外，迎接稻穫。不論是烈陽、是風雨，都要趕緊戴上斗笠，抓起穀杷，一馬當先，投身「稻埕」。後面也許跟著看熱鬧，學辛苦的孩兒，也許帶出前來臨時幫手的鄰居農婦。

對於那一擔擔倒在曬穀場上，那濕漉漉的稻穫，並非隨意將它攤開就算是乾粟曬穀。首先必須用長長的稼耙將斷草殘莖「淘」出，「汰」在一邊。接著再以同樣是長長的木製長方的穀鏟，將篩選出來的稻粒穀子，或推擁或牽拉，移開佈局，排列晾曬。

農家曬穀，除非少量，通常不將所有需要晾曬風乾的穀子，不講技巧地平均攤開，全場佔據。這樣做不但引起多方的場地運用和人工調配的難題，更有可能引起在愈積愈厚的穀粟層中，最上層的或許尚未全乾，最下層的已經燜熱蒸發，生意盎然，趕著要醞種發芽。一般，母親總是根據那時的村智農俗，加上以前從祖父祖母那兒得來的印象，後來學到的經驗，依據季節的日照方位，考慮當下可用的曬場面積和形狀，設計將待晾等乾的穀粟，整齊排列成有峰有谷，或偏東或偏南，長列成行，貫穿全場的一嶺嶺、一股股的稻粟脈絡。這樣，田裡再收割回來的莊稼，可以不斷地，經耙選後，繼續增加穀粟的行列數目，或在原有行列中，增高穀山粟嶺，加入晾曬。

晾曬稻穀並不是靜態的展鋪曝露，守待日光。一股一股的稻嶺需要定時加以層層翻開，步步削平，直到原來的山峰與谷地拉平；接著進一步翻晾，於是原來的谷地變為山嶺，原來的山峰改做谷地。這時，本來沉壓在山底深層的悶熱溼漉處，轉眼變成谷間淺灘的向陽當風的地方。這時，曬穀的人更用長長的竹枝掃把，將谷裡那些含潮帶溼的零星穀粟，兩邊交掃，推入稻峰粟嶺的山麓，暴露出原來埋藏在山底現在外露在谷間的溼地，讓陽光曬熱，令熱風吹乾。鄉間的農夫就是如此，在田園之間，深明翻土輪耕之道，即使在曬穀場上，也不忘異處輪曬之理。傳統的農村有它積存的知識，舊時的農人有他們養成的慧眼。現在，這些積智往往沒有流入我們當今的生命脈絡，促進我們今日的生活品質。好像最多只留下一份隱約的印象，模糊的懷念，淺淺的感激。

「粟粟來不易」的印象也許在田野冒汗割刈的景色中留下一個小高潮。可是「粒粒皆辛苦」的真正內涵，在曬穀場的煎熬中，也只不過是農家「苦其心志，勞其筋骨」的正式開始。

母親馳走於曬穀場上，戴著斗笠，持著稻杷，一下換成穀鏟，一下又變成竹帚；來回奔走，拼命工作。不一會，又一擔農穫挑回，又一次換成稻杷。這樣工作輪迴繼續，汗水川流不息。人如機器運轉，正像在田野間隆隆作響，不斷旋轉的脫穀機一樣。只稍工作一會，如果幸運碰上豔陽烈日，眼見稻峰粟谷的表層逐漸晾乾，感覺身上的衣物一件一件含潤浸溼，好像稻穀禾芒上面的露水，一陣一陣飛揚到自己的身上，變作一行一行的汗珠。農忙的時節，母親那臉上，那身上的汗水，總不是一滴一滴緩慢地流。那時的汗，總是一陣接著一陣地淌，一波接著一波地淹，一浪接著一浪地浸。

事實上，割稻時節能夠終日曬在烈陽下流汗工作，這對農夫來說，已經算是極大的喜悅。那時的農民早已認命，順馴地充當著辛勞苦命的流汗族。他們喜見自己滿身滿面的汗水溼透，只要能夠換來他們曬場穀粟早日晾乾入倉，好養活家口，好餵大畜生；並且只要能夠換來他們田間的稻草快快去溼就乾，好築做草墩儲存，好供做灶料牛糧。他們不怕日曬流汗的辛苦；他們反而深恐天公不作美，讓他們淋風灑雨的忙亂。然而，那時的辛苦流汗族，也總是靠天吃飯族。在蘭陽的鄉間，一望無際的稻田，有的早種，有的遲耕。就算上天慈悲，也不知要怎樣統一辦理。所以，每逢收割，常常會有幾家辛苦揮汗，幾家辛苦淋雨。對於歷盡變天，千錘百鍊的農夫而言，割稻揮汗無非溼衫浸身，百忍無奈；可是晾穀淋雨，那就非同小可。當閃電驟雨突然排山倒海，狂瀉如注而來，一波波的水浪灑打飆飛。曬穀場上，瞬息間，雞飛狗跳，天荒地亂。就算正在田間挃挃割稻的男壯，聞雷佇看，見雨趕來，手抱紮好的一捆捆稻草，飛奔馳援，大家手忙腳亂，七手八腳。只見場上原來整齊排列的穀峰粟嶺，變得一團山崩地裂，無理無章。大家趕緊取來那笨重的三人工具，那需兩人在前牽拉拖引，一人在後把舵推行的大型穀鏟，由近及遠，由上層到中層到底層，將全場淋得溼透的滿地穀粟，就勢推聚成壘成墩，蓋以同樣早已溼透的稻禾草紮。可是，說時遲那時快，為了防雨消水，修築得並非全場到處一律坦直水平的穀場，這時在驟雨的飄打之下，滿眼飛穀走粟，就地成河。只見大家正忙於合力推稻成垚之間，場邊卻一片穀堤崩壞，粟流成川的慘狀。平時日高風和曬穀的時候，趕在場邊扒地啄食的雞隻，現在失去叩頭搯啄的本領，縮躲一旁避雨；換來的是大快大樂的鴨鵝。牠們平時吃不了燥穀，吞不下乾糧。而今粟流成川，正好順水開口，飲吞暢快。唯有忙亂中的農夫最為可憐。他們只顧奮力護穀，急忙堆粟，早已顧不了趕鴨驅鵝。就連自己肚餓腸饑的時刻，也無法學雞學鴨，順手抓起一把自己辛勞種栽的農穫，慰腸果腹。上帝實在對農人不夠憐惜疼愛。要他們受風受雨，要他們流汗流淚；但卻不在創造他們的腸胃時，附贈一套像鳥像鴨一樣的沙囊。

好在農夫忙亂得沒有時間去靜思物種演化，懷疑上天到底是否存心戲弄。夏日割稻時的雷雨總是弄得穀流遍地，鴨鵝爭食。等到大家合力搶救，堆粟成山，蓋妥稻草，雷雨也就悄然中止。接著又是雲開日暴，風熱地燙。曬場上，穀垚的禾蓋間，到處熱氣騰騰地起霧冒煙。場地雨跡未除，四處熱氣先起。這時大家更得趕緊抓起竹帚，清除積水，翻開禾蓋，讓穀子乘涼透風，避免醞壞。接著往相反方向，再次鏟扒那成山的發燒穀粟。再排開成嶺，再橫掃作谷，再層層翻晾，再移嶺變谷，再輪迴安排。這時若不趕快，不稍多久，擠壓在中間，在底層的穀粟，熱心如火，不待上帝指示，就會自動開啟內藏基因的傳種訊號，開始急著要破殼發作，長芽育苗，而且愈是豐滿健美的穀粟，愈有傳宗接代的衝動。

母親耕作一塊不大不小的稻田。實際僱人整隊前來割稻紮草的日子，可能不出三天兩日。可是接著要努力將曬場的稻穀晾乾，篩蕪選菁，整頓入倉，供一家食糧，供子女教育，供繳稅納租。還有，更要將仍留田間的稻禾翻曬風乾，請人築成禾垚草寮，做為牛糧，做為燃料。這又是一長串仰天求神，祈望晉降美意的日子。有整隊工人在田間的時候，母親得料理他們的三餐五頓，奔走在廚房和曬場之間。不過，那時萬一天公變臉，卻有多隻手足可以就近奔來相救。而今，工人結束收割，隊散人歸。許多農具還來不及整理收藏，然而除了廚房和曬場而外，還得兼顧田野的曬草。這時滿場的稻穫更不可突遭風雨。無論白天黑夜，都必須事先細察天意，力補人缺。

7

蘭陽平原本來是魚米之鄉的好地方。只可惜在這一片靈秀如斯的鄉土，偏偏上天分配給它那和新竹的風一樣著名的「蘭雨」，老是加苦農夫秋收冬藏的工作。上天對漁人也不怎樣憐愛，不時刮起令人聞聲色變，害農傷漁的颱風。

風雨的翻臉無情帶給農夫莫大的苦楚。有時田裡的作物好不容易歷經上天一次接著一次的嚴酷考驗，挨到了就可收成的時候。可是天公偏偏不作美。連日經月，淫雨霏霏。農夫怎樣盼望，也盼望不到上天收起苦澀的面孔，轉變為不飄雨，不灑水的日子。眼看田裡的稻子成熟了，熟透了，熟得不能再熟了，熟得已經開始要離開禾穗掉落了，熟得即將就地發芽生子了。不得已，千不得已，萬不得已，只好趕緊招兵買馬，抬出脫穀機，乘風破雨，搶割救收。可以想像，那時的情景。可以想像，那時屋裡屋外全是待救待援的稻穫。溼溼溼溼地，漉漉漉漉地，就要燜得起煙發芽地，就要變成「非人食糧」地，就要變成禽畜「唯他飼料」地。農夫頑強抗災，滿身汗雨，全盤心血。

由於那時的農夫不得不靠天吃飯，因此每一季節的農穫到底多少，往往也只能約略估計。母親是一家之主，農穫又是唯一的經濟支柱，所以她一定要比較準確地估計，算出這一季由她親手一箕箕，一籮籮地抱入穀倉的稻子，到底有多重，到底值多少，以便計算除了留作口糧米食和下一季的苗青稻種而外，到底尚餘多少百斤，可以用來交租納稅、子女學費、菜肴副食、蟲劑化肥、敬神廟捐、「紅白」人情，以及農家各種修繕、災防與災變善後等等等等的費用。母親那時正處於鄉村衰落，穀賤農傷的時代。任憑高手專家怎樣「會計」，怎樣「運籌」，怎樣高喊「以農立國」，從事農耕的人仍然是由天命定，由人註定，由官圈定，窮苦不堪，艱難無告的一族。所以在母親的家計預算之中，只含有農耕的必需，只含有稅賦的必需，只含有衣食的必需，只含有子女教育的必需。她沒有個人私用的必需，沒有自己休閒的必需，更談不上娛樂遊玩的必需。對於全身全心為了子女的母親，除了姓名，早已沒有自我；對於農忙時，連上床假寐且嫌豪華的母親，真能在工作後，偷空合目，椅上瞑眼瞌睡，已算最佳的休閒。長久下來，幾十年下來，養成母親即使在往後的日子，已不專職務農，夜晚上床也只睡三四小時的習慣；可是在白天，在看電視，在看新聞節目，在看她那追憶到少女時代的「機器劇」留聲機唱片裡聽到的，或在站著的戲臺下觀看到的唯一嗜好的古典「歌仔戲」的時候，卻不時瞑眼點頭，頓首打瞌，偷空休息。這種長年久遠所養成的習慣逐漸鑄成一種生理機制，直到如今中風復健的日子，也一樣日夜延續，成了一生勞碌的烙印。幾十年的單親重擔，無數歲月的廚婦繁忙，多少千百回的風霜雨露的農工粗活，早已斷絕她就算夜深工畢，也遺忘蒙被安枕的自然欲求；更令她記不起何時開始，早已喪失避苦就樂，靜享清福的天賦本能。一個太過勞碌的人，竟然在一生不斷辛苦的工作之間，一步一步滅絕了追求自己福利的細胞，一點一滴喪失了尋歡作樂的基因。

自從早年跟隨祖父，協助他的事業以來，母親學得一手運籌計畫和會計帳簿的本事。祖母、祖父、父親相繼去世之後，她因受困祖傳田園，只好獨立繼承農耕，別無其他選擇。但她的籌劃帳記之事，儘管無需正式設簿立冊，卻因貧窮需要，做得更加認真，更加仔細。當然，這也是因為乍逢家道衰落，又遇母離父去，夫亡獨寡，子女未長，全家的負擔突然重壓在雙肩上的緣故。

稻收晾乾，可以入倉暫存之時，母親常在夜晚河邊濯洗早過，廚房工作略閒，子女睡夢已酣之時，趁村夜熱氣已去，涼風初起，粗工不致大汗的時刻，清理點算辛勞一季之稻穫。那時像農家，像貨鋪，像賣場，為了度量重物，常用一種笨重的三人操作的百斤大秤。一般運用時，以扁擔穿過大秤之粗實繩鼻，由兩人各據扁擔一端，肩挑秤鉤吊起的重物，像整袋稻米，或大捆柴薪之類的東西，另有一人，手扶粗重的秤桿，移動以粗繩懸吊的重重的秤錘，眼觀大秤槓桿的平衡，以及吊錘準繩停落的秤星指標，確定所秤巨物的重量。有時遇上人手欠缺，找不到第三個人可以操秤觀星，不得已，只好由其中一個肩負著重擔的人，勉力伸長手臂，邊挑重邊扶秤，小心勉強地移錘就星，以定物重。母親早在祖父當家的年代，已幫助過肩重操秤。但那時至少亦需兩人合力操作。如今家中只剩母親一個大人。她持來那套大秤桿、大秤錘、長扁擔、籮筐和大畚箕。使用技巧，將扁擔的一端擱托在穀倉牆邊略為突起的橫木上，橫木太高，自己要站在矮凳上墊起。小心翼翼，慢慢使力。彎腰肩起扁擔的另一端，緩緩挺身挑起。秤鉤吃力繃緊，緩緩吊起裝上一大箕穀粒的籮筐。就這樣，自己挑重，自己扶秤桿，自己移秤錘，自己看秤星，自己記重量。原來設計給三個人合力使用的超級百斤大秤，母親竟能單獨一人稱心使用，操作自如。等到她量得幾個畚箕的稻子的樣本，求出每箕的平均重量，再查看自己親手一箕一箕由稻垚粟堆將這些穀粒稻子抱捧入倉時，順手在倉口標寫的數目記號，一加一乘，一計一算，就能極為準確地核對出一季辛勞的粒粒農穫的總共重量。那時，有些農家要等待後來將倉中的穀子運去繳交政府田賦，運去賣給碾米廠換取白米食糧，運去販賣兌錢變銀使用時，經過他人秤量，加加減減，乘乘除除，才終於確知自己農穫的數量。可是母親的稻穀一進屋一入倉，尚未動用其中的一粒一粟，她早已了然全部有多少重量。只有這樣的準確簿記，她才能放心，才能靜心規劃家計的未來，才能在勞累之後，夜深人靜拖著疲乏的身軀，安心躺臥在熟睡子女的身邊，繼續運籌盤算，不斷思想未來。窮困不僅令母親立志剛強，窮困更加令她負重生智。可是這一切，都是在日以繼夜，夜盡日出的不斷辛勞的自我磨損之中換取兌現的。對於母親來說，傳統農夫那「日出而作，日入而息」的生活寫照，變成多麼樸實可愛的遙遠夢想。只可惜自己當上了另類的農夫，沒有這樣好的命運。母親一年到頭，手上身邊多少工作，腦裡胸中不停思緒，即使在那太陽早已回家，就連鳥音蟲響都已歇息停止的深夜。

8

富有的家庭的小孩午夜醒來，萬物寂靜。他也許看見玻璃缸中的金魚，還在懶散漂動，或許驚見地上的蟑螂家鼠，怕人急竄而過；可是窮苦家庭的小孩，一樣是夜深人靜，同樣的萬籟俱寂。他午夜夢醒，卻見在昏黃的燈光下，母親還在辛苦為他操勞。子女的親身體驗不同，長大後，彼此日後的心志定向和情懷開展，大概也有兩樣。

一個沒有夢想的人，不可能在無邊無際的窮困之中，勵志刻苦，無私奉獻。母親無私無欲，一生的夢想就是子女；而且命苦多磨，後來唯一的夢想只剩子女。

母親在非常年輕的六十五年前，初當人母的遙遠日子裡，早已立志認真為母。她剛誕嬰，只知性別，未明性向，就已開始默默為子女搜羅文具，積極準備將來上學的事。等她兒子後來正式入學，苦逢太平洋戰爭慘烈，日本衰敗，臺灣也跟著困頓。民生物質缺乏，學校用品質劣。然而，母親卻存有早已購置的，當時日本小學生慣用的，用來背起的典型書包。當她兒子長大上學時，那個大大的，黑色的，硬皮的，拍敲起來咔咔作響的珍奇書包，引起老師的注目，也招來同學的好奇。每逢放學，走出校門，不是家住鄉下的，要朝另一方向走回鎮上的同學，總是算準時間，突然一窩蜂地急速回頭，你爭我奪地，慌忙伸手，敲打那個會叫出清脆響聲的書包，調皮戲弄地笑喊再見，才肯掉頭回家。後來戰事急轉直下，空襲警報的「水螺」無日不響。日本的神風自殺隊飛機，時常低空掠過。鎮上也曾挨了幾個炸彈，略有傷亡。那時大家忙於疏散，逃空襲，躲防空洞，怕轟炸。學校荒廢，學生滯家。母親不讓兒女的功課停落，自己教育，督導兒女繼續向學。

不久，日本投降，社會遽變。突然間，日本那時的軍國主義主導的教育內涵被明令禁止，連在日本本土，原來的教科書也都需以人手用黑墨，塗抹部分字句，方准繼續使用。臺灣光復，自然更加不同。原來編印的教科書完全廢止。可是青黃不接，教材闕如。儘管學校復課，學生卻無書可讀。老師只好手刻鋼板，油印講義。然而，學校的教員，上上下下，由校長、教導主任，到級任老師，絕大部分，幾乎全部，都是日本教育制度下的師範學校出身的。他們的專業精神令人肅然起敬。可是他們絕大部分，也幾乎是全部，都生於日據時代，長於日據時代，學成於日據時代，並且立志致力於日據時代。如今換宗歸祖。乍然間，帶出一連串極大極深，極為基本，而又極為震撼的大眾文化上、道德上、價值上，特別是語言上的隔閡和障礙。正規學校的教員尚且如此，那時早已追隨祖父事農，但卻一心要養育子女成人的母親，處境也就加倍困難。

母親沒有新教育的專修班可以參加，鎮上鄉下也未見有什麼為人父母的教育輔導組或補習班。即使有，家務農忙也不容她參加。那時，時局又變得愈來愈迷亂。光復之初所燃起的新希望很快過去。社會情勢開始紊亂。原來軍國主義的紀律嚴峻，黑白明晰，反而一去不返。加以經濟開始走下坡，通貨飛飆膨脹。原來由日幣直接一對一兌換的舊臺幣四萬金縮成新臺幣一元。鄉村秧苗的青嫩掩不住農業的蕭條。那時鄉下出過飛天蟲災，祖父、祖母、母親都要奮力撲救；鎮上又鬧過瘧疾瘟疫，和家裡素有來往的兩位年輕未婚老師相繼去世。不久，又爆發了瘋狗狂犬症，患者被人用嬰兒背巾綁起，免他傷人。局勢不振，人心惶惶。在這樣的大格局和小氣象的相激互盪之下，持家理財已經空前地困難，如何在家教育子女，更是舉步維艱，無所適從。

那時，前後好幾年，學生使用的鉛筆的鉛芯好似含煤一般，每寫必割紙。用來擦除字跡的擦膠，雖然的確是膠，卻是由單車煞車或汽車輪胎割下的硬膠，一擦破紙。紙張更不用說。灰灰的，一面粗糙，一面反光。而且紙面時有雜質孔洞。以這樣的紙張印製出來的參考書，一邊墨跡過濃滲化，一邊凸凹字體不清。若遇上中空一洞，老師家長也頗難解謎。還好那時母親的櫥櫃中，還剩有多年預存的少量紙筆和其他文具，幫助子女暫時度過難關。母親的子女，不論是在光復前或光復後入讀小學，每一個都在入學之前，早由她親自教導讀書寫字，也沒有一個在入讀之後，沒有再在家裡和母親一起，討論算術四則，單利複利；解答雞兔同籠、蝸牛爬桿晝上夜下等等問題。不論多忙，母親除了督導子女，每天做畢學校規定的功課而外，必定在子女上床前後，自己廚忙家務之餘，檢查他們的書包，查看他們的作業，為他們一刀一刀削好鉛筆，並且依照課表指示，查對他們翌晨所要穿用和攜帶的衣鞋用品——一般校服、運動服、衛生紙、手帕等等。

母親自己所受的學校教育全以日文日語為媒介。如今日本戰敗投降，臺灣回歸。當時一切日文日語的事物，轉瞬間變成泥沙糟粕。為了能夠繼續全面輔導兒女的功課，母親託人從臺北購得上下兩大冊，以日文注音說明的「北京語」讀本，用來在家務農作之餘，自己學習新來的國語。（在這之前，日本話也稱為「國語」。）家人並沒有明顯察覺母親在自學一種新的語言——新發音、新聲調、新文法、新詞彙、新的抒情表意的系統與方法。可是，過了不久，母親已經一步一步進入狀況，無師自通地使用新學來的語言，監督指導兒女的功課。如今事隔五六十年，大家見到她寫起中文字體清秀，說起話來流利自然，絕少有人會聯想到，七八十年前，母親所接受的卻是完完全全的日本教育。

母親深受少女時代的日本教育的薰陶，注重品德。她最講究守規矩，清儀容，有禮貌，尚謙樸。她自己努力刻苦，但卻不願勞煩他人。

母親凡事喜愛親作親為。自己偏勞，但卻不願子女辛苦。她喜見子女有作有為，但她自己卻堅持不放鬆享受。她每天總是全家第一個早起，開始廚房和菜園的工作。自從十幾二十年前，田地被徵收修建全鎮最寬最大的公路以來，母親已無田可耕。但她有幸在後街保留一小畦菜園。每天依舊在鄰居未醒，街道沒車的清早，摸黑趁涼，除草澆水，收穫新栽。過了一段時間，附近逐漸人多車雜。不知是誰首先開始，在母親菜園的左近右側，傾倒垃圾，佔地堆物，拋棄家具，停置廢車。開始時，母親每天需多花時間，清理菜園周圍小溝內、竹籬邊、菜畦裡的膠瓶紙盒、飲罐吸管、紙張膠片、泥垢土污。鄉村的城鎮化尚未帶給母親現代的閒適清福，早已先送給她舊時反而稀有的，難以快速清理的污穢，以及不斷清除也不見改善的敗跡。

不過，母親並不灰心氣餒。她除以之作為反面教材，提醒她的孫兒孫女，生活要乾淨，環境要清潔而外，自己還是日復一日，年復一年，由除役農家轉任為充當活躍義工的街邊清道老婦的角色。這樣的日子過了幾年，直到有一天，大概她的環境給堆積得太過凌亂，「環保局」開始前來檢舉罰款。而且罰單一張接著一張。母親最不願意去投訴鄰居，告發別人。然而，自己每天義工清道，官廳卻罰單不停照來。母親無論再怎麼含忍深想，也似乎找不到一條天理，可以令人氣平心安地默然接受「義工要罰款」的現象。在社會轉型的過程中，以往的良心和天理，突然之間，不再那麼清晰，不再那麼明亮。

不得已，一萬個不得已，母親只好被迫放棄廢物堆中的綠洲菜園，正式結束在祖父遺留的鄉園泥土上的農人工作。她花錢僱請工人，幫助移除龐然廢車，清理陳年垃圾，搬走大型雜物，鏟平心愛菜圃。又請人鋪上水泥；再請人架起鐵柱，蓋出上頂；又再請人加裝遙控機掣，開關鐵閘，築成一個小小的無人管理的停車場。

然而，母親並沒有在環境的遽變和社會的逆轉之下，低頭放棄。她一邊清除地上的菜園，另一方面卻一鋤頭接著一鋤頭地，挖出那朝夕相共，親切如斯，手抓足踏，汗水拌和，數十年靠它育稻栽蔬，以它養育子女的泥土。她提起水桶，一水桶一水桶地，利用家務之餘，趁著早晚比較不受過路車輛的油煙和猛速的威脅的時候，跨越馬路，把這些心愛的泥土提向家裡。她提重入屋，走過後院天井，步入廚房；經過客廳，走上又窄又彎的室內樓梯。上了一級，又是一級，走到樓上一層，再上一層。一步一步地，一水桶接著一水桶地，把重重的幾百斤幾百斤的清泥，搬上三樓的天臺。

雖然那時母親早過七老，已望八十。不過回想幾年前，割稻晾穀，肩秤入倉，現在的搬土工作反而顯得輕鬆平淡，既不必仰人幫忙，也無需靠天吃飯。果然不久之後，天臺上一個一個「保麗龍」的大箱大盒裡，積滿了適宜栽種的優泥良土。再過不久，原來種植在地面綠洲的豆瓜菜果的下一代，一樣一樣地遷徙轉籍，移民落戶到天臺上來。母親撿來斷木殘枝，搭起瓜棚豆架，利用廢網破幔，築起遮陽育苗的溫床。於是一片生意盎然的空中綠洲，就在古樸老舊、蘚苔斑駁的水泥屋頂的平臺上出現了。小時候讀歷史，對於巴比倫的「空中花園」總是莫測高深，似信似疑。如今，看見母親一個古稀老婦，就能隻手築建空中綠洲，無中生有。整個文明建造一個空中花園的事，也就不覺得那麼樣的稀奇珍異了。

這樣一來，母親雖然失去了地面上的土地，但卻不是憑空，而是抗命地，開創了屋頂上的菜圃和花園。她不再前往田野裡工作，卻一樣忙碌於過著屋內和天臺的農家生活。

沒有離開農家的生活方式，也就更加沒有改變母親過去的樸素和勤儉的習尚。母親年輕時，本來從師學習裁縫，巧於針繡女紅。她曾經為別人，也為子女，做過不少各式各樣的華麗衣裳，可是自己對於衣著從來毫不講究。她只要求整潔樸素和合乎禮貌。一年到頭都是農家模樣。子女有時為她購置新衣，她總是一件又一件地將它定性為「出門旅遊」的衣裳。可是，她絕少出遠門，更不熱衷於旅遊。三年前，日本在神戶對面海中，舉世著名的，歷經阪神大地震而不壞的明石大橋外，日本聞名的雷門海峽邊的淡路小島上，舉辦「世界花卉博覽會」。十載難逢，良機不再。經多次左右遊說勸駕，本來約定好由子女陪同，一起飛往參觀。護照簽證、南針東風，萬事俱備。臨時，她又感於媳婦仍病，兒子專業在身，孫子孫女仍在學期當中，需加耽延。她本來就對旅遊不表熱衷，雖然偶對一些日本事物略為心動。經此一延再延，直到六個月的長長會期熱鬧結束，最後自然作罷。就這樣，子女所送的新衣總是一件接著一件，一套接著一套，包括要穿去參觀「淡路花博」的那些，全都折疊整齊，排列有序地，給收存到幾十年前，從日本友人要被遣返時，買來的那幾座又重又大的「簞笥」衣櫃裡頭。母親滿手的技能，滿腦的智慧，可是她志在培養子女，她只為教育後代。自己無論外表和內裡，好像都沒有因此而受惠收益。

9

母親是個非常能幹的人。本來自己能幹，往往容易對那些不能幹的人，忘記寬大，不加容忍。可是母親卻又剛剛相反。她是個十分細心，極有耐心，極能克己存他，又總是含忍待人的母親。

從來就有許多人總是忽略認真家務的重要性。這些人不是自命不凡，要做大事；就是天性懶散，不理細節。同樣地，現在更有許多人總是認為農耕時代所累積的「傳統智慧」，不是過時就是謬誤。這些人不是自命進步，而不通歷史；就是好大狂妄，而急功近利。

然而，認真勤勞家務的人，往往養成務實的習慣，能日以繼夜不斷在工作中力求改進；不像只望做大事的人，一不小心，或流於理論爭辯，無止無休；或失於空泛抽象，不著邊際，只顧空喊口號。同樣地，只見工商文明，鄙視農耕智慧的人，往往不知順應自然，迷信人定勝天，終於破壞人類生態。現在亦有人自恃足智多謀，相信不勞之穫，無需愚公亦可移山。於是在不知不覺之間，放棄世情人性於不顧。傳統的農人是敬畏自然，崇尚天理的人。他除了怕官，怕兵，怕鬼而外，最敬天，敬地，敬愛土壤，敬愛雨水。他不會粗魯對待稻禾，不會揠苗助長；他尊重自然規律，深知大自然或許可以一時容耐人類任性任情揮霍破壞，然而它在冥冥之中，立下了品質的標準和浪費的限度。在都市閒人尚未想出貓狗寵物也有生日蛋糕之前，農家早已為辛勞的水牛慶生，感激牠的刻苦同工。也在工商文化遠遠還未發明「環保」的語言和說辭之前，農人老早已經是生態保育的先知先覺和先進先鋒。

母親自幼在與祖母裁衣縫紉之中，養成細心敬業的習尚；在助理祖父帳管簿記之間，建立求精求確的精神；她在料理家務的勤勞中，鍛鍊改良精進的技巧和方法；

並且，她在耕種務農的煎熬裡，體會順從天理，生生不息的道理。

所以母親養兒育女，不是使用嚴厲管訓，而是動以苦心含忍。她期望子女有作有為，不過從未試圖在背後操槳掌舵，但當察覺到子女的欠缺不足時，總是無私無己地幫助他們去克服。

母親是個克己含忍的人。她對兒子克己含忍，她對女兒克己含忍，她對媳婦克己含忍；最近幾年，她對孫子孫女也克己含忍。

母親的含忍有時在無意間，連遙遠的外人也清晰體驗。

有一天，不是很久以前的某一天，母親雖然年事已高，但卻每日照樣在戶外奔走工作。不知怎的，那天有位女郎騎著摩托車急馳而來，不知是技術不熟，或是心慌意亂，竟把母親撞個滿懷。眼見是她祖母輩的路人被撞倒在地，攙扶不起，那女郎一時心急，竟然當場嚎啕大哭起來。母親見她哭個不停，雖然自己身痛難忍，也只得反身安慰她。母親問她，一個老太婆被撞得倒地不起，尚且還沒流淚；撞人的女郎，何以不停哭泣？

過後，女郎的母親帶領她前來慰問，探望療傷中的母親。感謝她含忍不究，反而苦口相慰。女郎的母親堅持必須償付醫藥費用，以求心安。母親一口婉謝。對她們說，自己有個中醫的兒子。她無需支付醫療費用。

由於長年刻苦耐勞的農耕生活，鍛冶有方，磨鍊成鋼。母親在療傷中，也能勉強工作，續做園丁家務。過了一兩個月，鄰居又見她腳步輕盈，走在路上，購物提重，老而益壯。

又過了幾年，這時母親已把菜圃花園移建天臺樓上。有一天，一位年輕的媽媽帶著女兒前來叩門，想知道能否租用母親屋後的停車場，以便上班放車。母親自覺未曾見過這對母女，但對方卻好像相見如故。不等母親細細思索，那年輕的媽媽開口就說，她原來就是當年騎車撞傷母親的女郎。

多年前母親在傷痛中的含忍，可能令這女子活成一個更加細心，更有勇氣坦誠面對，更加有情有義，更加知恩知禮，更加有愛有心的人。

10

母親一年到頭總是忙於內外工作。她的人生沒有假日。她的生命勤勞不息。她那屈指難數的漫長歲月有如一日，只為了兒女子孫的成才成就，沒有反觀自己已經消損成什麼模樣。她已經六七十年沒有擦粉修飾，沒有抹膏打扮。母親只注重頭髮不可蓬鬆，衣紐必須扣好，穿著要樸素，居所要乾淨。左鄰右舍，新知舊識，總見到她手提重物，在街上馳走，幾乎每天一樣。有時是一大早，當大部分的人還在安眠，其他早起的人正趕著天黑晨涼，或單獨或結伴，要去晨間運動。那時母親屋頂上的花和菜澆過了水，鄉下的肉攤菜擔已開，正是趁早開始家事的好時候。也有時是下午傍晚，家事就緒，雜務完成，正好外出採買補購，加菜添肴；而且舊時，從祖父的時代開始，那也是附近漁港的當日漁穫，新鮮運送抵達的時刻。幾十年來，母親在女兒的協助下，不但主理全家大小的飲食，平時也許六七口，過年過節十幾二十張嘴。這還不算，以往農忙時節的大隊人馬的三餐五頓雖然不再，然而對於母親來說，即使身邊沒有了地，但是心上依舊存在著天。每逢大大小小的神明生日，佛誕道祭，送鬼酬魔，祭祖拜宗，她都比什麼人間的事都來得認真，毫不姑且怠慢。她自己省吃節用，但祭神的事，起廟修壇的事，街邊巷道捐錢點燈的事，她全都一點也不落人後。祖母的時代，害怕嚴厲祖父的規管，有時必須不誤餐食，緊張拜神。後來母親自己當家做主，把祖母拜神祭祖的複雜系統，定制實施，發揚光大。以前母親常掛在嘴邊說：「新例不設，舊例不滅。」她要把祖母所留傳的敬神拜神的習俗，努力實施，不令中斷。

母親自己虔誠拜神。她也鼓勵和帶領子孫虔敬神明。然而，她是個善於體貼子孫後輩，對她的兒女媳婦全都事事克己含忍的人。她知道時代變了，社會的習俗變了，人心變了。現在還有多少人在購屋買樓的時候，像過去祖父祖母和自己的年代那樣，首先考慮到怎樣將「大廳」裝修佈置成用來拜神祭祖的地方。因此，當兒子工作在外，與其子女舉家定居他鄉時，欲將祖宗神位分遷新處，自行設壇祭拜的時候，母親再三吩咐他們，拜神旨在虔敬，形式可以簡化創新。她還親自多方選購，贈送兒子一座精美但卻小型的祭壇神臺，可以放置於清幽崇高，但卻不礙起居活動的地方。母親甚至長途跋涉，前往兒子的新居。她準備了豐盛的祭品和超量的冥紙。祝拜天地，禱告祖先：此次盛祭，話別時代。今後兒孫，繼往虔敬，開來新祀，祈願降福，永保安康。這樣拜祀之後，母親有了交代，才心安返鄉。繼續主理舊居，跟留守家鄉的兒孫一起生活。

母親有德有能，最重以身作則，感動子孫後代，感動他人。她眼見當前社會急速變化，舊時的世情人心不再，但是依然默默耕耘，諄諄教導，殷殷寄望。她的子女早已長大成人，各有專業，但她卻依舊細細照顧，千千叮嚀，百般支持。她甚至不知不覺地，把舊時對子女的耐心和含忍，擴大延續到孫子孫女和曾孫之上。把源源不斷的心血，灌輸給下一代，更下一代，再下一代的生命。不過由於世界變了，生態變了，父母育兒的方式和子女受教的反應變了。她每天每夜，比起當年教養自己的子女時，更加千千叮嚀，萬萬吩咐，以協助她的兒子和媳婦教導子女，寄望孫子孫女走上正路，避免誤入歧途。就在母親中風病倒的前兩年，她的孫子要投考升學。可是家中電視誘惑難忍，房裡電腦遊戲積習不變。母親的兒子又忙於職務，媳婦更加患病就醫。沒人可以專職輔導，從旁督促。於是母親毅然拋開手上家務，帶領孫子遠遠離開聲光的喧囂和動畫的迷誘，搬到幾里外的小鎮清屋，和孫子一起作息，陪他讀書，讓他專心準備，考上學校。開了這一先例之後，母親的孫女本來學業成績不錯，課後又勤於補習加油，但自知難耐電視電腦之引誘。為了爭取更佳表現，竟在月考前夕，也要求如法炮製。母親愛孫心切，眼看她知所上進，當然欣然同意。母親歷來含辛茹苦，操勞奔波。七八十年來，每日不懈，無夜罷休。一心一意，一志一願，就為子女的長大成人而存活。她的子女在成長的歷程中，間或容有不乖，偶爾也許導致小過，但總不致於要勞煩她，在考試前夕，放下工作，遷居避匿，一心照顧，全程「陪讀」。看來這個世界用來栽培後代的教育生態，變得愈來愈紛亂迷離。母親為了單純的育幼培英的心志素願，也相應地變得愈來愈需付出更多的心血和辛勞。

然而母親總是堅持自己純樸的心志。自己辛苦，為了子女；但是相反地，她卻不忍心讓子女辛苦，尤其不要為了自己。

過年過節，母親不但要為返鄉過年的子子孫孫預備傳統佳肴和鄉俗美食，更要為拜天祭祖的三牲五禮，鎮壇糕果，而屋裡屋外，來去忙碌。因此，除夕早晨她一定比晨星還要早起。有時天還黑，早起的兒女醒來，見大門虛掩，知道母親早已出門買菜買肉，買雞買魚。她往往需要兩次三回來往奔走採購，仍然不足應付過年所需。於是，當兒女見到母親推門進來卸貨，就爭著要追隨母親，再外出提貨。母親怕勞動別人，臨時編個小故事，然後在兒女不注意之間，又偷偷溜出去提重物，辦年貨。她寧可留子女在家輕鬆看書讀報，不想他們一下東，一下西，跟到人山人海的市場，與人爭道，辛苦提貨。

母親不僅不願無故勞動自己的子女，對鄰居外人也總是謙虛客氣。由於她經常在大街小巷提物馳走，常有駕車經過的新識舊知，停下車來，要為她運送手上大包小包的重物。母親總是客氣婉謝。別人為工作奔波路過，不一定順路方便而無需另外拐彎改道，耽誤工作。母親自己曾經恨不得一天有四十八小時，可供她努力工作。如今，她深深同情那些為了子女妻小，在外奔波勞碌的人。

最令人替母親擔憂的是，已經中風病倒，無法自由活動，但卻仍然像往時健康活動的時候一樣，頻頻嚴格要求自己，處處寬大禮待他人。病躺醫院，痛苦難忍。可是每逢醫生要前來探訪診視，母親一定要提早準備，理容整衣，調枕正被。不可蓬頭垢面，不可不清不潔。活動便椅不可放置人前，病情資料要事先齊備。這還不算，在尚未遠離可能二度中風的疑懼時期，有一個深夜，躺在醫院病床，突然呼吸困難。子女立即提議按鈴緊急求助，卻被母親連連制止。她認為醫生護士也需在深夜時不受人擾，靜養歇息。子女稟告她，日間有日間的人員，夜裡有夜班的醫護。她也不為所動。堅持要暫時忍耐，捲起病床，坐起墊高，靜待恢復。走過人生的辛苦的人，尤其是長長久久走在辛苦的人生路上的人，最能體諒他人，同情他人，推己恕人，不忍見到他人的辛苦。體驗過生命的痛苦的人，特別是品嚐過那種仰天無答案，問神沒回音的痛苦的生命的人，最不情願加諸他人額外的痛苦。母親總是對天對地，信神敬祖地默默承受，靜靜發揚。

命運賦予的生命痛苦，在時乖命舛之下，磨鍊一個人活出刻苦耐勞的生活方式。母親在不斷需與時間計較，日日都得和光陰競賽，那種無眠無夜，無休無歇的一邊育幼養兒，一邊下田入廚，時不待人的舊時農家生涯中，鑄成了她無法長睡安枕，總需偷閒瞌睡的生理機制。中風病倒後，肢體的痛楚固然令她不得入睡；調節作息，藥物助眠，經常也只不過是二三小時的安靜合眼。這正是她數十年來命運多舛，生活逼人，刻苦辛勞，為子為女所鑄造出來的常態。所以，由醫院返家休養復健時，別人儘管不解，天地卻完全自明，母親再怎樣也學不到像那些老來有福，或從小無憂的人那樣，服了幾顆安眠藥或藥裡再加鎮靜劑，就可以一枕無憂，安睡到天亮。一生堅強剛毅的母親，豈是三兩粒安眠藥就可以輕易迷誘擊倒的。母親的女兒繼承祖母和母親待人持家的傳統，奮力幫助母親苦度生命難關。她在專業工作之餘，跟著母親作息，陪母親晚睡。母親深覺女兒辛苦，雖然自己難以翻身，無法下床，有次勉強忍痛刻苦試著和病體搏鬥，未下得床，已先跌落地上。在這樣艱難無助的處境，母親總會習慣性地，勤勞性地，抗藥性地，在午夜之後不久醒來。那時亟思翻身換位，盼望爬起坐立，但也不斷忍耐，不忍叫醒女兒，好讓她多一小時，多半小時的過勞補眠，平靜安睡。病痛中的半小時是很長的時間，要忍上一個小時，需要無比的心靈力量。母親總是直忍直忍，直忍到生理的無可奈何，直忍到病體的最大極限。

母親一向如此。她認為是自身一己的事，喜歡靜悄悄地自行解決，連子女都不想牽動。可是遇到兒女子孫的事，她卻不遺餘力，忘了自己，全心全情投入。早年她兒子的恩師辭職他去，離鄉遠行。母親和祖母一早預備鄉下早餐，運去教員宿舍，怕那老師空肚早車，旅途辛苦。她的兒子哪方面的功課有難，心竅未開。母親放下家事，趁夜未央，帶著兒子拜訪教師，懇請提點開導，安渡迷津。她的兒子遠方就業，無暇旁顧，母親不避舟車勞頓，前去協助物色居處。她的兒子杏林苦學有成，懸壺行醫，母親助他設立診所，自己也從此改信中醫。她的媳婦分娩，略為早產。那時雖已獨自耕作持家，忙碌無比。可是母親一手擔任媳婦的護理，一手挑起孫女的娭姆重擔。母親自己雖然生育過四男二女，經驗豐富，知識廣博。但從來沒有一個早產的弱嬰，因此更加費盡苦思，悉心照顧。扁扁鼻樑，母親輕輕捏起提高；彎彎耳朵，母親棉花紗布耐心墊起。細細整型，慢慢復元。等媳婦日久康復，離鄉會夫，母親一人，輩跨二職。直至孫女幼稚入園，仍享祖母庇護。也有媳婦海外生子，母親不遠千里，或搭機跨海，甚或更再轉機越州。帶著愛心，攜著補品。前往照料，前往育嬰。或等幼嬰身心健長，養成哺乳作息良方；或等媳婦自立自強，無求不需母親作伴。也有媳婦在鄉生產。母親輔助育嬰教養，使無後顧之憂，使能照常職位，繼續上班。

八十歲之後，含辛茹苦了數十年之後，兒女均長，連當年令她又擔心又焦急，苦心育養的幼弱孫女也早已婷婷玉立，結婚當起了生兒育女的美麗媽媽。可是母親卻未曾或改往日的慣習。她依舊過著在屋頂上植花種菜，立架搭棚的樸素的農作日子；也仍然提著重物，馳走街巷，擔當任勞任怨的大家庭主婦的角色。幾年前，她從兒子那裡學到一種彎腰振身的氣功動作。她一學就進入狀況，而且還是全家第一。腰彎最輕盈，雙手觸地最自然不費力。從此，她每天早上前往屋頂澆花除草，鬆土種菜之餘，風雨無阻地勤做早操，並不斷叮嚀子女每天運動的重要。她希望繼續保持身強手健，繼續每日室內屋外工作，因為她還有兒女仍然在辛苦奔波，還有媳婦依舊抱病在身，還有孫兒孫女仍然在學未長，在當今的生態環境和社會風氣之下，亟待循循教導，耐心教育。不過，每次她向兒孫提倡勤加運動，規律作息；講述有健康才有事業的人生道理時，她也輕輕道說原委，表明心跡：自己遠超國人說的「古稀」，也早越日人稱的「傘壽」。她並不是貪求苟延生命。她只是不願自己體弱成疾，拖累子女。

啊！就算世上無德，人間沒眼，也有頭上的青天，也有腳下的大地，也有原野的清風，也有村溪的流水；有剛強的太陽，有柔情的月光，有生生不息的粟禾稻秧，有紅紅綠綠的菜果花卉；一蕊一葉，一片一朵，一露一霜，一天一夜，一粒一粟；有一滴一滴的明察，有一響一響的見證。誰能不顧良心，誰能違背天理。誰不清清晰晰、新新歷歷、活活生生、實實確確地印證母親這八秩望九的辛勞。任憑再怎麼演繹推理，再怎麼會計精算，母親也不算乖背生命，也不是拖累子女。

11

世間太不公平，人間太不完美。為什麼有人一生從頭安逸享樂，有人卻要數十秋冬辛苦如斯。難道當人類只顧無私燃燒，無底拚搏，自然真有它沉默但非無語的判準和尺度。可是令人不解的，令人要問天問地的，令人憤憤不平的，令人悲哀落淚的，上天為什麼要突然中途叫停，而且使用那麼嚴酷的方式。

蒼天恢恢，大地隱隱。仰問恢恢蒼天無解，俯聞隱隱大地不答。也許蒼天知道，若不出以如此，母親一定不服，她一定頑強繼續。難道大地明白，若非以此方式，母親必然不信命運，她必然奮起反抗。

可是天知地知，即使中風病倒，即使喪失軀體自由，即使嚴加生理桎梏，母親依然認真生命，她仍舊嚴肅人生。她中風病倒，一年多來還是活出他人生命的榜樣。

二〇〇二年二月二十二日，春節的大忙碌剛過不久的農曆正月十一日，星期五。這天是那個和父母、哥哥一起，家住鄉下的孫女生日。母親昨夜告訴我。我請妹妹代買生日蛋糕以表慶祝，用資鼓勵。母親這個孫女為了準備月考，遠離有電視機，有電腦遊戲機的家，由母親照顧陪讀，雖然忍耐物誘無方，但卻知所上進。聽來欣喜，值得鼓勵。

之前幾天，母親和我才送走遠道飛來過年，探望奶奶的孫子。昨日又送別也是趕來過年之後，要搭機跨海歸去的媳婦孫女。母親為了過年的祈天祀地，拜神祭祖，「圍爐」團圓，迎來送往，忙碌了大半個月，需要略事休息。我自己在年關忙碌的這一段日子，也不知怎的，腰痛腳傷的舊疾一一復發，好像需要放慢一點步伐，不能像往日，大清早三四點前就起身，躡手跕足，怕驚動隔房的母親，輕開大門，跑到更偏遠的鄉下去待月觀星。所以這一天，當我屏住氣，輕輕扭開門鎖，靜推房門起身時，已將近五點，對我算是晚起。不過母親並沒有在隔壁一聽動靜，就跟著驚覺起身。內心略覺有異。不過，沒多久等我在後院帶痛學做氣功運動，見她也跟著開燈下樓。她已頭痛了好一陣。過年之前，頭痛不去，不得不讓她中醫師的兒子，幫她針灸了兩三次。我們都勸她到醫院檢查。起初她不肯，相信兒子的醫術。因為以往每有頭痛，一針即止。所以她不假他求，專信兒子，甚至引以為傲，讚不絕口。因為等到新年已近，針過仍痛。大家強調前往檢查，母親依然不肯。因為除夕就到，歲末年初拜神祭祖之事特別嚴肅鄭重，也特別多樣複雜。她要親手籌劃，自己主持。對母親來說，那是人生最基本的精神支柱，比什麼都重要。因此，大家也就不敢隨便插嘴多說。等到過年拜神，除夕圍爐，春節祭祀，開年茹素等等全過，她依然忙於接待仍留身邊，尚未再遠行的兒子、媳婦和孫子曾孫。尤其對多年未曾前來領受壓歲錢的媳婦和孫女，母親不但祝慶應節烹調美食，而且要趕在她們未返幾千里外的居地之前，領隊前往鄉郊山頂的天公廟，虔誠拜神祈福，也順便讓她們賞心遊覽。過年初十，她們又要遠走高飛。昨天，她們飛了。鄉家在一陣熱鬧之後，又顯得清靜起來。於是我們又再勸母親，趁此空檔前往體檢。可是母親又念著四天之後拜神的事。幾經勸說，後來終於答應，等正月十五元宵拜神之後，就讓子女陪去醫院檢查。今日是孫女的生日，母親當然想要留在家裡慶祝。

根據傳自祖母的習俗，家人生日除煮食細細長長的麵線，作為壽麵祝福而外，也準備樸素的清水煮蛋，吃來去殼除厄。至於生日蛋糕則是祖母、祖父、父親都已過世之後，才傳入鄉村的都市文化。一早，母親把要煮的，要準備的慶生食品，在廚房做好後，自己到三樓天臺農園去澆花看菜，順便做健身氣功。

因為是冬寒時節，六點鐘左右，天未大亮，可是我和弟妹三人已一個一個聚坐餐桌一邊，等待母親應聲從天臺一級一級，順著樓梯轉彎拐角地走下來。她的壽星孫女已出門返校，我們把切蛋糕的慶會留到晚上。她那分生日麵和壽星吃兩個的生日蛋，也留下給她。

母親坐定，大家開動。我正大口吃蛋，囫圇吞麵，坐在母親對面的中醫弟弟，突然疾聲說話，放下碗筷。只見母親手握剝了殼的壽蛋，正要入口，頭先緩緩低垂下來，像是有時午後打瞌睡一樣。我們三人二話不說，抱扶著她，立刻坐車奔向醫院。

母親中風，她病倒了。

我只穿短褲和背心，沒戴錶。急診室的鐘指著清晨六點二十分。

12

老天終於插手叫停。祂要鎖起母親的左手和左腳，命令母親不要繼續辛苦操勞。祂已算慈悲憫人，直等到她忙過了年，放心送走了媳婦和孫女。可是大家完全不明白，老天為什麼需要出以如此嚴酷的方式。

母親什麼樣的身體上的痛苦沒有嚐受過。母親什麼樣的精神上的煎熬沒有經歷過。八十七個春夏的琢磨，八十七個秋冬的歷鍊，母親活出一種堅忍不拔，永往直前的生命榜樣。沒有任何人可以制止她，不讓她開展心願，堅苦追求。沒有任何的力量可以在她生命的勤奮途中，無故叫停，隨意罷休。

13

在病床上，母親嚐遍一寸又一寸的軀體上的痛苦，歷經一日加一日，一夜又一夜的筋骨折磨。像頭上床邊的吊瓶點滴，一點一滴，在白天的喧囂聲中，一點一滴，在黑夜的寂靜空虛裡；一點一滴，一纖一縐，一分一毫，一時一刻，一步一腳，母親度過生命當中未曾有過的生理黑暗，終於倚坐輪椅，走出「二度中風」的魔影。醫眼略能適應日光，障手傷足稍可移動發力，重新張眼，見到醫院病房窗外透露的希望。

回想，即使在昏黃的夜燈下，在醫院那加欄設擋的病床上，母親也一再又一再，微弱聲聲，聲聲叮嚀，交代那一天是拜天祭神的時候；即使在搖晃跳動，坐不定身的輪椅上，母親也記起，在天臺上的菜圃裡，種子在吐芽，何時需要移植栽種。

自己在深沉的痛苦的旋渦裡，母親口口聲聲感激醫生護士的細心照顧；自己無助地呼吸困難，母親聲聲口口阻止我們緊急呼喚午夜當值的醫護。

母親每日準時，最怕遲到，像剛入學的國校生一樣，認真從事「復健」。治療師有所交代，母親回家必定勤於辛苦復習，不令人失望。每天出門前往醫院前，半個鐘頭前，母親就緊張起來。她要求更換整潔衣服，有禮有節；照鏡洗臉，避免污垢。坐上輪椅，還要單手揮梳，不令髮亂。母親要認真迎接生理生命的再起步。她好像重新入學，拋開古舊的八十七年，從記憶的原點再次出發，重新嚴肅開始，認真舉步。

母親回到努力用功，認真向學的學生時代。她在醫院的復健大堂中，態度認真，一絲不苟；努力學習，日日求進。她要正正經經，勤勤奮奮地當一個模範生。難怪，在復健大堂裡每有病患不耐痛楚而哀叫，或不甘無聊而拒絕動作的時候，那些治療師總是指著全場年紀最大的母親，充當他人觀摩學習的榜樣。

14

二十多年前，母親在勞苦的農耕中，給選作「模範母親」。現在中風病倒，奮勇爬起，認真復健。有人又來提議，希望母親接受另一次的模範表揚。

可是，這一次母親吃力地一句接著一句婉謝；輕輕地，一聲跟著一聲拒絕。

母親多麼希望天下母親皆模範。她希望別人輕鬆愉快地成為模範母親。她不想透露，舊時一路走來的人生模範，竟是一條這麼辛酸苦痛的路。

15

世界遽變，人心不再。母親不是不察。然而在緩緩慢慢的一步接著一步，在沉沉重重的一腳再出一腳的辛苦復健進程中，母親意志堅定。她自有主張。

為了令母親輕鬆放心，我們勸她不必太過仔細髮絲，如今蓬頭鬆髮最見流行。她也並非沒在報刊電視睇看。但她沒有回應，不為所動。

為了減緩母親出門復健前，費力更衣的緊張，我們宣稱家用的休閒服裝，如今已入大雅之堂，並無失禮不敬之嫌。可是她容忍子女孫兒輕鬆解放，自己堅持原來意志和願望的模樣。

母親深知世情險惡，「古意」不再。然而她加倍努力，相信人心會受感化。只要自己加緊奮勇，世界就有希望。

16

我們常常心懷感激，母親在病倒危急的日子，以及往後顛躓復健的過程中，每遇體貼的醫生、溫情的護士和愛心的復健治療師。他們專心照料，悉心支持，耐心輔導，熱心鼓勵。當然母親一向待人有道，對這些牽引她走出病魔黑影，扶持她步上復健長路的醫療人員，更是有禮有儀，尊重如師。平時常聞世態炎涼，人間無情無義。可是，站在母親的面前，在她的左鄰右近，大家都暫時拋下自己生命的迷惘和人生的困惑，表現出生命光彩的一面。

人生有病，病也人生。當病的人嚴肅認真，勤奮不懈，「陪病」的人也遺忘人生有痛，自己有苦，全心投入，真情為之。

17

在陪伴母親走在她千辛萬苦，舉步維艱，緜緜永日，漫漫長夜的病倒急診和爬起復健的道路上，最令她子女束手無策的，不是反覆無定的病情，不是陰晴風雨難料的天氣，不是需要小心仔細研磨母親才能下嚥的配藥，不是記載和對照病倒開始日日保持的詳實明晰的作息醫療記錄；最令大家頭疼的是母親那種從來勤儉持家，從來捨不得花費為己的習慣。

那個寒冷的清早，中風急診。母親一開口就要求醫生，只要治她頭痛，其他可以回家靜養。她不知道自己這段日子，操勞過度，無眠無休。為了子女媳婦，孫兒孫女。她血壓飆高，心臟虛弱，腦壓失常，潰瘍復發。當經過量壓、驗血、心電、超音波等等一長串的觀察檢驗，母親知道必須住院。不得已。但起先她要求入住擁擠的四人房，後來勉強答應雙人房。最後，我們必須編出一個小小的故事，才能順利將她的病床推進單人病房。

等搬回家裡，繼續復健。母親不主張久佔樓下客廳，要搬到樓上臥房。但鄉間的房子，即使不是農家，也是為身強手健，忙碌工作的人建築的。雖非潦草，但卻簡陋。有時可能急就偷工，也不見得沒有競爭減料。母親住的房子，冬天只有厚被多衣才能保暖，夏天啟動後來加裝的冷氣，也不一定清涼舒暢。母親一向清苦純樸，現在只是志在重新學習適應。因此她不願我們為她改裝，反對因她加建。連要為她加添家常衣物，最好選在商店減價。每次提取什麼用品回來給她，必然說是市場正在酬賓折扣。不過，這樣的小故事也不可以隨便不停加編。多少年來，母親主持家計，每天在戶外走動。世界發生什麼事，社會起了什麼變化，她都心裡有數，一目了然。即使她閉目似睡，但內心清楚明白。只要看她面部表情，唇邊微動，就知道自己是否說了真話。有時，即使推說海外帶返，所費無幾。她一時難以判斷是真是假，改說不要子女為她負重，擔心子女舟車勞頓，搬運辛苦。

母親在精神上不斷精益求精，進化提升；但是在物質上只求得過且過，將就妥協。

沒有好辦法可用，最後大家終於縫補出一個小小的莞爾錦囊，在母親面前不厭其煩地間歇廣播：凡是價值不超過「新臺幣十元」的事物，請母親開眼閉眼，交由子孫全權處理。大家希望藉此推廣演繹，借題發揮。

18

母親當然完全明白，這個世界徹頭徹尾地變了。她曾經有兩個兒子在海外求學和工作。她曾經拋下手邊工作，前往照顧媳婦，下廚育嬰。觀察兒子的海外生活動態，體驗外面世界的社會發展。現在她也有兩個兒子在大都會裡居住，生活的環境和步調已不是當年她陪同祖父前往高等法院，確認田地產權那時的模樣。但她每天一早，兒媳子孫未起，單獨外出晨運。觀察長長時間，街街道道，也從未走失迷路。她也有子女在家鄉經營開業，自然在眼觀耳聞之下，更清楚鄉村面向城鎮轉型所造成的模樣。她更有孫兒孫女，或住校或通學，離鄉別井；因此知道外出讀書的狀況。

母親關心子女媳婦，愛護孫兒孫女，她的視野隨著子孫的落戶行腳而延伸張大；她的心意和願望也隨之開展和擴充。然而，不管這個世界變成怎樣，母親總是懷著一個簡單明確的信念：敬神虔誠，為人真心，努力工作，嚴肅人生。母親秉此生活勞動。母親持此教育子女，關心兒孫。

工作，認真工作，不斷努力地認真工作。這就是母親八十多年的人生寫照。由於她頭上有神，心中有愛，因此她不是為忙碌而忙碌。她生活得有意義。她的生命有價值。

有一次，陪母親在醫院大堂復健。我站在一邊遙看母親在治療師的扶持下，學習翻爬坐起，右手幫助左手擺放，單手正衣著鞋，托手穩足，由墊床上站立。接著接過拐杖，艱難舉步，緩緩學行。平時大家習以為常，做來一向輕鬆自然的生活動作，現在全部需要一一從頭學起。母親全副精神，注意把握動作要領，努力以赴。這時，母親心裡在想什麼，我不知道。但我知道她一定不是希望早日康復後，可以飛去旅遊，可以跑去玩樂，可以休息放假，安享清福。她一定想著廚房的事務和天臺的菜果。她一定想著子女，想著兒孫。母親一生充滿工作。

就在這時候，我的旁邊來了一位看似農家的老人。他輕度中風過，已經能自由行動。他遠遠從另一個市鎮，自乘公車，定期前來醫院，練習手臂拉牽的運動。談起他的農田，我順口讚賞農人的辛苦。沒想到他竟然若無其事，也不知是引以為慰，或者引以為憂，淡寫輕描地說：「如今耕田的，已經『免作』了。」「作田的」無需再幹活了。

母親一定沒有想到，耕田的，為什麼可以不工作。不幹活，農人活著做什麼？

我忽然想起來，當我在大清早前往偏僻的鄉下農村，氣功晨運，觀星看月的時候，每每欣喜於現在的農家有能力在自己的土地上，興建美輪美奐的豪華「農舍」。有的像是美國南方的大宅，有的比美歐洲大地的華廈。我也經常遇到天要亮了才駕車騎車趕著回家的年輕男女。他們也許就是通宵著迷於鎮上，玩起電腦網絡和電子遊戲，樂不思歸的青年少女。倘若他們靠著祖傳的土地，平時有機械化的耕作專人代勞，自己「免作」，只待空手收成；他們甚至未必親自看見收割農穫；那麼他們除了身分證上的記載，政府檔案的登記而外，還可以算是農人嗎？舊時勤勞無邊的「日出而作」拚搏作，「日入而息」未必息的鄉間生活，現在是否早受侵蝕，演變成享樂不盡的「日入上街」好遊樂，「日出回家」睡懶眠呢？才多少年前，我們還在高唱「以農立國」，要農業改革，要振興農業。

19

我沒有把同病老農的話告訴母親。她並不是不知道這樣的今昔對照。只是那不是她的人生信念。那不是她的生活方式。

絕大部分的中風病患，都由外勞扶持陪同，前往醫院，持續復健。因此，復健大堂的裡裡外外，到處聚滿著這些異文異族的傭工。他們大部分是印尼來的女子，最近則多了越南來的。她們形成自己小小的國度，在旁成群結隊，自成集體。說自己的話，談自己的心聲，有自己的文化。

有位隔天到醫的老婦，由年輕的印尼外勞陪同，從不太近不太遠的另一城鎮，乘計程車前來醫院。她每次坐在母親的旁邊，共用長桌做些「職能治療」動作時，總不忘連連口口讚賞，聲聲羨慕母親。這位上了年紀的同病，丈夫事忙，幾個子女分處四方，各自為家庭和事業奔波，無暇前來陪伴照料老妻、老母；只能將她完全交給外勞。

那位年老同病也許知道，母親從中風病倒的第一天開始，沒有聘請過一日半夜的傭工外勞。每天由子女醫院留宿陪伴。後來出院繼續復健，每天也全由子女，有時也跟著海內海外前來探望的孫子孫女，推著端坐輪椅上的母親，回去醫院報到。她的子女要用自己的體溫，依偎母親心靈的溫暖，促進她風燭軀體的重生。可是，除了母親臉上的日照灼傷，歲月遺痕而外，她的辛勞，她的堅強，她的含忍，她的心願，又有哪一個外人在羨慕的眼光下，深深體會，親切瞭解呢？

20

天下只有表面的齊一或制度化的一致，人間從來沒有真真正正的內在的公平。弟妹和我可以退休返鄉陪病。可是母親從來就是病了也不能「退休」。終於，太不公平了。上天只好下令「停職察看」。不過，母親雖然身仍病中，人在復健，但她的心早已飛回神廟祭壇，飛回廚房，飛回天臺的花園菜圃之上；飛落在子子女女，孫兒孫女、曾孫後代的身上。母親是永遠不會從人生的重任上退休的人。

21

不巧，母親中風病倒那天，自己腰痛腳傷的舊疾仍在發作之中。可是母親突然的痛苦危急，令人頓時感覺不到自己的痛傷。病者和陪病的人，兩者之間，概念清晰，界限分明。於是在生活實踐上，角色各異，職責全然不同。

回想過去三四十年，每每自恃力大，能負重壓。不論修車搬書，未曾計較重量。平時忽視醫療，不知保養，不講究用力姿勢，終於積壓難返，在最不應該發作的時候，復發再痛。

陪病的日子，無詩無文；也忘了調理和運動。雖然明知自己任意誤用，自然就會插手干預，可是依然心存僥倖，未加小心，繼續大意。終於演成腰癱腳瘓，無法動彈。平時不燒香，臨時抱「健保」。最後連續服用粗藥，引起消化不暢，胃再潰瘍；「物流」阻塞，內部出血。不得已，暫時將陪病責任專託弟妹，自己又暫時揮別母親，返回比較熟悉的醫療體系。

22

物理治療師察看我的電光與磁振照片。他笑稱我的腰脊和坐骨不像文人讀書之士，倒似長年勞工的挑夫苦力。我聽了，全無傷感，反而略有一絲安慰。遙想母親正在弟妹的攙扶之下，手拿拐杖，顛簸躑躅，緩慢舉步。遙想小時候，母親總是拿她縫紉用的利剪，巧手為我們修剪指甲。母親中風之後，我拿出現代人專用的指刀，為母親修整腳指。第一次為母親修剪腳指，第一次看到母親因為長年浸站在田水污渠之間，腳上的皮膚已經變質變色，不再是正常人的皮膚；腳上的指甲已經變形變樣，不再是正常人的指甲。如果沒有抬頭望看母親黑褐枯瘦的面龐，我絕對想不到這就是我們日日夜夜，親愛如斯的母親。

為了子女，結果母親的哪一片皮膚不是粗糙的辛苦的皮膚？為了子女，結果母親的哪一層肌肉不是酸疼的辛苦的肌肉？為了子女，結果母親的哪一個細胞不是操勞的辛苦的細胞？為了子女，結果母親的哪一根骨頭不是變形的辛苦的骨頭？而今，自己長年工作，直到退休。倘若所有的筋骨肌肉全部完美如初，像是當時年輕的母親生給我那樣，你說這世界還有什麼天理可言？

23

每一個人生都是生命的榜樣。好榜樣，壞榜樣和無關緊要的榜樣。

24

人生有病。病也人生。

25

人在病中也可以活出一個優美動人的生命榜樣。

26

母親就快八秩晉八大壽。

恭祝她生日快樂。

27

日本人有一個很特別的名字。他們把八十八歲的生日祝慶稱為「米之祝」，叫做

「有涅諾依哇伊」。

這名稱多麼切合母親的辛勞人生。米出於稻，稻種在田，田需辛勞，勞能勝天。

寓意多貼切，豈止單在兩個「八」字和一個「十」字所寫成的「米」字。

敬祝母親「米壽」快樂。

「我家阿桑」，御「美已秀」「我每淚多——歌載倚馬嘶」。

28

做為母親，她永遠心甘情願。

只是她一路走來，實在太過辛苦。

29

人生做大事，世間存小語。

30

人性成大德，欲寫變小語。

31

母親，生命的榜樣。

32

母愛，人性的路。

二〇〇三年七月五日初稿・十三日修訂

謹以此文獻給舊時勞碌辛苦的農家，
天下含辛茹苦的母親；
並預祝坐在輪椅上，中風復健的農人母親，
八秩晉八生日快樂。

一

母愛是個人的喜悅，
它卻是人性的福澤。

二

母愛不僅是骨肉天性的特色，
它更是文明傳統的異彩。

三

母愛不僅是深遠華實的感情依附，
它更是人性簡潔純樸的記號表徵。

四

母愛不僅是個別文化沉澱累積的結晶，
它更是普世人性醞釀發揚的遺產。

五

母愛是人性的路。

六

母愛是文明的遺產。

七

路雖經前人藍縷開拓，如今有的人來人往，有的卻斷絕荒廢。

（抗日戰爭末期灑血飄淚的「滇緬公路」而今安在？）

八

遺產即使「千尋」萬貫，有的確實惠澤子孫，有的卻白供後人揮霍。

（「舊時王謝堂前燕，飛入尋常百姓家。」）

母愛是個人的
喜悅它卻是
人性的
福澤

九

在人世間到底是誰照顧母愛的路，今其永生永世，人來人往？

一〇

在世界上是誰看管文明的遺產，千年萬年澤惠人間？

一一

老需在大庭廣眾喋喋喃喃的政治人物，常常不知如何面對子女。

（父母在子女面前慣例純情真語。）

一二

古來母親無需在大庭廣眾取悅別人。
她只要私下溫存對待家人。

一三

古來母親無懼面對子女。

（她們常對身邊的男人生畏。）

一四

在人性的深處，有所愧者有所懼。

在文明的國度，無所懼者無所愧。

一五

野蠻的定義是既不懼天也不懼人。

一六

沒有良心的人無懼一切。

一七

當政治也有真假對錯，也能童叟無欺，也無兵無

詐時，母親才容易走出家庭，面對大眾。

一八

古來政治上的假話多由男人編說。

如今男女平等。

一九

傳統都是女子比較純情潔白。

如今男女平等。

二〇

以往的人間在較壞的一半的背後，站著一位「較好的一半」。

如今的世界差點只剩下比肩並坐的較壞的一大半和較好的一小半。

（當然也有較好的一大半和較壞的一小半。還有

全好的兩半以及全壞的兩半。）

二一

在政治和公權上，女性解放的結果令男子滌洗漂白。差點也令女人染污變壞。

二二

以往男人好似荀子思想的註腳，女子卻是孟子學說的榜樣。如今男女平等。

二三

在有父有母的家庭生活中，常常其中一位是孟子的影子，另一位是荀子的模樣。

二四

以往在子女的心目中，父母都是孟子。
現在呢——兩人都自稱是荀子？

二五

當世人不男不女時，人間無父無母。

二六

倘若父親是女的，他也可望成為好母親。
假如母親是男的，他不知可否成為好父親？

二七

人體變性固然不是電路開關，來去自如；
文明習尚也難逆水行舟，有進無退。

二八

母親起於自然的天性。
母愛卻是文明的習尚。

二九

野獸家禽全有天生母性。
家禽野獸只有短期母愛。

三〇

母雞愛小雞——只要小雞不長大。

三一

世上何事，有男有女？
人間有緣，為何不可無父無母？

三二

只緣有真愛，何妨是父非母，是母非父；非父亦

母親
天性
母愛
文明

起於自然的
却是
的習尚

非母，既父而又母？
（難道我們活在純真有情，坦白兼愛的理想世界之中？）

三三

新人類？
新母愛！
新男女——新男、新女、新男之女、新女之男?!

三四

每當世情人心的紛亂澄清，文明走過困境，重新出發；人性跨越難關，繼續腳步。那時母愛不致前後失措，左右為難。

三五

無性生殖的胎兒需不需要母愛？

化學合成的雛嬰需不需要親情？

三六

科技也許能夠創造生命。
文明難道因此喪失母愛？

三七

個人也許因為喪母而欠福。
人性仍由普世母愛的豐盛而發揚。

三八

遠離母親高飛的日子也許是個人奔騰跳躍的時刻。
但是欠缺母愛盪漾的世間卻變成沒有人性的世界。

科技

生命

文明

母愛

也許能夠創造

難道因此喪失

三九

依靠父親獨立教養的人未必不能成才，只因父親學習了母愛的心懷和情思。

四〇

（人是理性的動物，人更是有情的動物。）
人最是有母愛的動物。

四一

人是有母憐愛的動物。
人是有母關愛的動物。
人是有母習愛的動物。
人是有母相愛的動物。

四二

人需受憐愛。

人需被關愛。
人需學習愛。
人需互相愛。

四三

母愛不僅令個人發育。
母愛更令文明滋長。

四四

母愛令人性溫柔。
母愛使社會祥和。

四五

人性的剛強易生斷裂。
社會的暴躁引發不安。

四六

想像一下欠缺母愛的世界：
樹懶、兀鷹尚見短期母愛。
游魚、爬蛇終生沒有母愛。

四七

游魚是終生的遊子。
只欠慈母，只無身上衣；也無臨行的惆悵，更無寸草心的圖報。

四八

母愛的精義在於母教。
懷想「孟母」。
懷想「岳母」。
懷想「蘇母」。

四九

設想人若欠缺母親的教養：
孟子如果沒有母親的教養。
岳飛如果沒有母親的教養。
蘇東坡如果沒有母親的教養。

五〇

古來凡人皆有母親。
而今似乎並非凡人皆有母愛。
更有多少人不幸喪失母教。

五一

自古已非凡人幸見母教。
最為不幸的是，今日母教之事似乎愈行愈遠，足跡難認。

五二

母愛的表現並非旨在袒護。

母愛的心懷重在含忍。

五三

欠缺含忍，人類喪失理性。

五四

沒有含忍，人間何來感情？

五五

遠離含忍，人類頓失人性。

五六

丟棄含忍，意志演成頑固。

五七

固執未必致真。
固執未必成善。
固執未必存美。

五八

摒棄含忍，願望淪為文化荒園裡的清夢。即使幽美，也只能留來自賞。

五九

抹煞含忍，道德可能變成「殺人禮教」。

六〇

去除含忍，人類的價值意識漸成概念的空想。它也許清澈明美，但卻難獲回響。

六一

哲學家有時活在清澈明美的概念空想之中。

六二

哲學家、宗教家、藝術家、詩人，在想像中都是我們敬重的清流賢達。

六三

清流賢達倘若不知含忍，有如高舉人性的大旗，在浩浩蕩蕩的人生旅伍中，迷失了人間的母愛。

六四

清流賢達把目光投注天上，尋求人生的理想。他們的雙腳站在和眾人分享的人性大地，活出人間的榜樣。

六五

母親含忍子女的無辜。
清流賢達含忍人性的無奈。

六六

人生含有多少成長裡的無辜。
人性包藏無邊無際的開拓奮進中的無奈。

六七

成長並沒有一成不變的軌跡。
開拓奮進欠缺一套顛撲不破的邏輯。

六八

母親是我們敬愛的親人。
她無私奉獻。
清流賢達是我們仰望的對象。

他們破己求真，無己求善，忘己求美。

六九

承仰而知含，那是文明的濫觴。
受望而能忍，那是人性的典範。

七〇

人誰無過，成長原無一成不變的軌跡？
人誰無過？藝術家有時製造一些非人反性的作品。

七一

人誰無過，開拓奮進本就欠缺一套顛撲不破的邏輯？
人誰無過？詩人歌頌的有時只是文化荒園裡的清夢。

七二

人誰無過。
人誰無過？
人誰無過！

七三

人人生而有過。
那是人性的「原過」？

七四

過錯倘若成了罪過，
原過豈非變作「原罪」？

七五

人性的原過起於成長的需求和開拓奮進的慾望。

七六

人的原罪起於吃「蘋果」？
（「吃」蘋果，吃「蘋果」和「吃蘋果」。）

七七

成長的內涵在文化中釐清修訂。
成長的語言也在時代裡翻新界說。

七八

我們文化裡似乎有過明白清晰的「成長」內涵。
如今我們需要小心分辨：到底是「正成長」，是「零成長」或是「負成長」。

七九

若將負成長也稱為成長，
不成長和沒成長的更振振有詞，全都算是成長。

八〇

人類文明中好像有過正面積極的「開拓奮進」的意含。

開拓不僅在於「開放」，奮進當然也不是「亢進」。

八一

奮進意含「進展」。

它涵蘊進步。

八二

進步是朝文明的方向往前行。

撤退的「轉進」不是進步。

（我們不要花言巧語，擅自發明「零進步」和「負進步」。）

八三

文化上的開拓奮進並不自動保證文明上的進展和進步。

八四

文化也許無分你我，難比高下。
文明卻有它遠較明確的價值取向。

八五

議會上的打架文化也許算是文化。
我們卻礙難照稱其為「打架文明」。

八六

人間的原過可以在文化的演進中滌洗盪褪。
人性的原罪似乎變成命運裡無法抹煞的胎記。
（這是「人性演化論」和「人性創造觀」的分別。）

八七

人性倘若有它的原過，
那是誰之過？
（猿人的遺傳因子不夠神聖？）

八八

人性如果有它的原罪，
那是誰之罪？
（亞當、夏娃不夠孝順父母？他們的母親不夠含容？）

八九

原過人間負責。
原罪上帝創造。

九〇

人間的
原過可以在
文化的
實踐中
滌洗溫褪

宗教家有時擇聖而固執，卻失人性於交臂。

九一

神聖的就無需含忍？

神聖的就不講究母愛？

九二

擇真固執，遺忘含忍，養成無邊的自我膨脹。

（這樣的人希望世間設有「真理部長」。）

九三

擇善固執，不屑含忍，養成冥頑不化，自高自大。

（這樣的人看不到世間比他善良的人。）

九四

擇美固執，無視含忍，養成自惜、自憐和自戀。

（這樣的人無需臨水照鏡，那只是柏拉圖形而下的不實投影。）

九五

擇聖固執，欠缺含忍，養成盲目自高，替代神明。
（這樣的人最不畏神。他嘴上有神，眼中無神，自己是神。）

九六

明明凡人皆在學習成長的人生途中。
但卻好像只有母親深明此道。

九七

在母親的心目中，子女永遠沒有「長大」。
他們永遠需人含忍。
他們永遠需要母愛。

子女在母親的心目中永遠沒有長大

九八

不處於無止境的學習途中的，已經不再人生。
個人在不停學習，人性在無止演化。

九九

「人為萬物之靈。」
而今連比較高等的機器都能不斷學習。

一〇〇

不再人生的不再是生人。
不再是生人的不再是人。
不在人生的學習途中的不是人。

一〇一

上帝無需學習。
上帝當然不是人。

一〇二

神靈當然不是人。

無瑕無疵的聖人可能也不再是人。

一〇三

無求含忍的無需母愛。

上帝無需母愛。

神靈無需母愛。

無瑕無疵的聖人可能無需母愛。

一〇四

無需母愛的未必無需與對象互愛。

一〇五

人性的互愛是相親相愛。

相相互人
爱親爱性

是 的

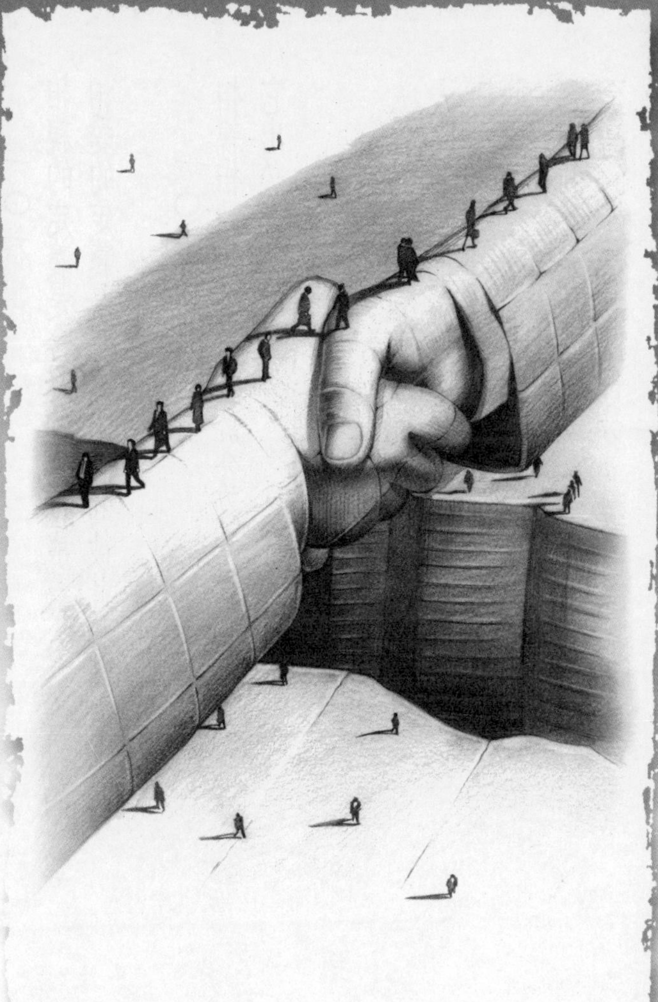

一〇六

相親的定義是含忍的人也成為人所含忍的人。
相愛的定義是雙方兩向的彼此相親。

一〇七

相親相愛的精華在於含忍。
它出於含忍的母愛。

一〇八

人性的喜悅是與人相親相愛。
人間的至福是伴隨母親相親相愛。

一〇九

真正的愛是種親情。
至高的親情涵藏母愛。

一一〇

真正的愛涵藏母愛。

一一一

人性的喜悅在於人間有親情。
人性的精義在於世上有真愛。

一一二

母愛是人性的路。

一一三

自命天才的人不像人。
自以為絕頂聰明的人也往往不像人。

一一四

長大而欠缺含忍的，往往不是自命天才，就是自

以為絕頂聰明。

一一五

天才少有母教。
絕頂聰明的人遺失了母教。

一一六

天下沒有自命不凡的母親。
（只有自命不凡的子女。）

一一七

你可見過自認天才或自以為絕頂聰明的慈母？

一一八

只知自大的人無緣與人相親。
沒有謙懷的人不能和人生愛。

一一九

自大違反人性。
謙懷提升文明。

一二〇

人性無止演化，人性之前誰認天才？
文明不停開展，文明當中誰能絕頂聰明？

一二一

上下古今，宇宙前後，誰是
理性天才？誰是
感情天才？誰是
道德天才？誰是
意志天才？誰是
願望天才？

天下
不凡
母親
不凡
子女

沒有自命
的
只有自命
的

一二二

母愛永不自大。
母愛涵藏一份人性的謙懷。

一二三

真正的愛從不自大。
真正的愛涵藏一份人性的謙懷。
（我們往往在愛人的時候提升自己，卻在被愛之間令自己墮落。）

一二四

母愛是愛的典範。

一二五

絕頂聰明的人不知怎樣愛人。
天才不知怎樣愛人。

一二六

兩個天才無法相親。

兩個絕頂聰明的人不知怎樣相愛。

一二七

何故天才總是無後？

為什麼絕頂聰明的人難以為人父母？

一二八

天才最不堪為人父母。

有時甚至不宜為人師表。

（除非「未教已學」，除非「教學相長」。）

一二九

含忍投入的教師臉上不時浮現學生清純的影子。

一三〇

母親凹凸的皺紋裡永遠掩映著子女喜悅的容光。

（母愛是個人的喜悅。）

一三一

母愛崎嶇的演化路上總是輕飄著人間文明的神采。

（母愛是個人的喜悅，它卻是人性的福澤。）

一三二

古時的母親無需打扮。

為何今日的媽媽勤於化妝？

一三三

母愛無需打扮。

母愛不必化妝。

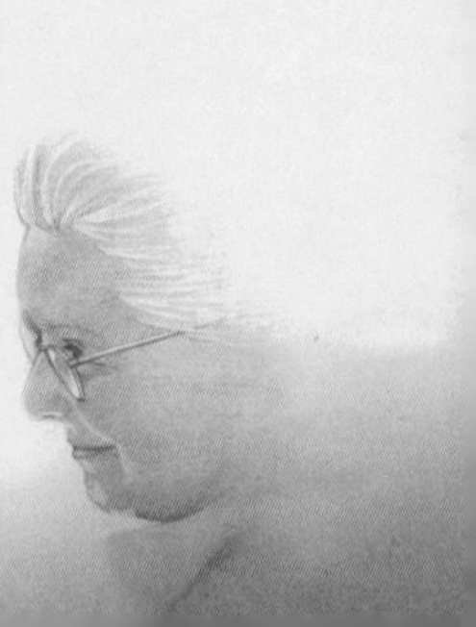

一三四

母愛豈只在知識。

母親難道也可移交「專業化」？

一三五

以往我們曾經出現「養母」和「奶媽」。

今後是否將有「外勞母親」和「計時媽媽」？

（計時媽媽聽來好像「計時器」，也好像「計時炸彈」。）

一三六

勞動市場招聘的母親是母親？

按時計酬的母愛也算是母愛？

一三七

親母是母。

母親
凹凸的
皺紋
永遠掩映着
子女
喜悅的
容光

養母也是母。
「代母」算是母。
「勞母」仍是母？
（不論是外勞是「內勞」。）

一三八

勞工是工。
勞母算是母？
工蟻是蟻。
工母算是母？
（不論是計時工還是「計日工」。）

一三九

世上人心轉趨淡薄。
家庭親情也可以稀釋？

一四〇

感情怎樣專業化？

含忍怎樣專業化？

一四一

難道將來我們需要創造「含忍專業」，培養「含忍專家」，出產「含忍工程師」？

一四二

含忍投入的教師令你從他的眼神和舉止，看得出他是幼稚園，是小學，是中學的老師——抑或是大學，是研究院的教授。

一四三

在家庭裡，含忍投入是母愛的同義語。

在世上人間，含忍投入是愛心的代名詞。

一四四

世上有許多人能夠真心投入，但不懷情含忍。
另外，又有多少人可以含忍，但卻無法投入。

一四五

自認天才和自以為絕頂聰明的人，倘若無法含忍投入，這樣的人適合什麼人性角色？
他們能夠增進人類什麼文明？

一四六

有些天才和絕頂聰明的人順手輕摘世上的榮耀，卻讓人間大眾辛苦支付他們人性的需取。

一四七

愈受矚目的人愈需留意，避免沾污人性。

一四八

大眾明星備受矚目。

大眾明星必須留意，避免玷污人性。

政治家備受矚目。

政治家必須留意，避免沾污人性。

一四九

有些人只顧攝取文明的成果，空留大筆人性的欠債。

有些人默默在人性原野上耕耘，一點一滴遺傳給後人文明的積蓄。

一五〇

天下眾多母親在人性的原野上默默耕耘，留給子女點點滴滴的文明積蓄。

人間的子女不少只顧攝取前人的文明成果，留給

社會大筆人性的欠債。

一五一

欠缺人性關懷的人只顧光被自我，不惜債留人間。

一五二

這世界有人辛苦償付文明的債。
另外也有人輕鬆沾盡人性的光。

一五三

著手今日，我們投入地球的環保。
放眼明天，我們更應關懷人性的環保。

一五四

地球的環保是空氣的環保，是清水的環保，是陽光的環保……。

那是自然生態的環保。
人性的環保是理性的環保，是感情的環保，是價值意識的環保，是道德的環保，是意志的環保，是願望的環保。
那是文化生態的環保。

一五五
物質世界需要環保。
精神世界更需要環保。

一五六
物質世界的環保增益軀體。
精神世界的環保潔淨心靈。

一五七
母親是精神世界環保的志士。

她是心靈環保的義工。

一五八

無酬的志士稱為「志工」。
志工又名「義工」。
人類緣起意「志」與「志」願，
著眼正「義」和公「義」的人性「義」務。

一五九

世界的文明不能單靠精神「外勞」。
明日的人性亟需心靈「義工」。

一六〇

關懷人性環保最宜捫心自問，自己是否遺害人性，
自己有無污染文明。

一六一

人性的公害是千古的公害。
文明的公害是恆久的公害。

一六二

凡人需人含忍。
他才不斷「勇」於改善。
（勇於改善的人才可望另外二「達德」。）

一六三

凡人需含忍他人。
他才知所愛人。
（先「知」愛人始生愛人之「智」。）

一六四

以往師長勉勵後學「不恥下問」。

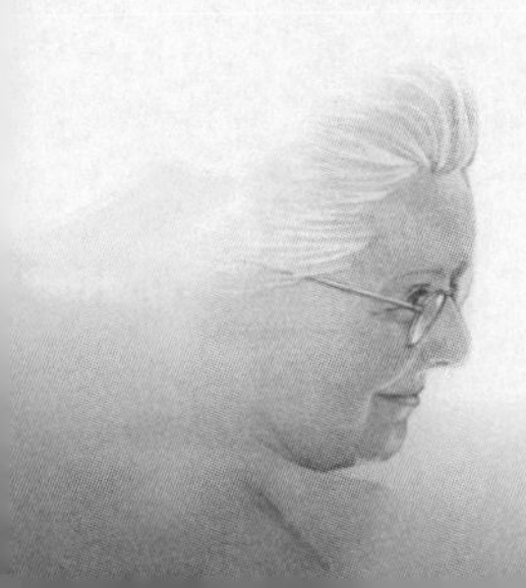

母親
精神
志士
心靈
義工

是
世界環保的
她是
環保的

今日我們鼓吹「勇於發問」。
為學儘管去恥而恃勇。
做人切莫發勇而無恥。

一六五

辭典用來明理解惑。
時下有的辭典收錄「三腳架」，但沒有「三達德」。
它們多有「三腳貓」，差點沒有「三溫暖」。
（小學老師諄諄教導的三達德是「智仁勇」。這些老師可能沒有解釋三腳架，忘了提起三腳貓，不知怎樣說明三溫暖。）

一六六

因為辭典沒有收錄，所以老師需要諄諄教導？
或是由於老師已在諄諄教導，辭典無需收錄？

一六七

好多辭書都沒收錄「不恥下問」。
不過它們都有「不知所云」。
還有「不知所措」。
還有「不好意思」、「不痛不癢」、「不約而同」、「不一而足」、「不勝枚舉」、「不可勝數」、「不可思議」和「不可救藥」。

一六八

我們的社會好像一本辭典。
有時無需有的，它全有。
有時該有的，它卻付諸闕如。

一六九

人人都在查用辭典。
什麼是本好辭典？

我們的
社會
好像一本
辭典
有时無需有的
它全有 有时該有的它卻
付諸
闕如

我們都浸淫於社會之中。怎樣算是個優良的社會？

一七〇

面對社會這部超級大辭典，誰是那些入乎其內，出乎其外的諄諄教導，循循善誘的教師？（教師也在查用辭典。有的教師也參與編寫辭典。）

一七一

倘若我們經常需要翻查辭典，我們一定關心辭典到底如何製作。我們每天（這次不必加「倘若」）生活浸淫於社會的大辭典之間，難道無需明查我們大家到底怎樣編寫它？

一七二

在林林總總的辭書瀚海裡，我們採用比較人性的辭典。

在形形色色的政治理念操作中，我們選擇比較文明的社會。

一七三

不能改善自我的個人，難望成為活生生的人。

無法精進自我的政治，無法演出愈行愈有人性文明的社會。

一七四

不知愛人的人不是文明人。

無法發揮愛心的政治是開拓不出文明的政治。

一七五

母愛是人性的典範。

無法發揚母愛的政治是疏離人性的政治。

一七六

母愛的深刻和普及界定一個社會的人性品質。
它界定社會的理性品質、感情品質、道德品質和意志品質。
它也界定社會的價值意識和取向。
它更界定社會的願望理想。

一七七

母愛的深刻和普及界定一個文化的「實然」情狀。
它界定該文化標示的「應然」取態。
它更界定出該文化嚮往的「願然」理想。

一七八

母愛是「實然」文化風采。

母愛是「應然」人性指標。
母愛是「願然」文明境界。

一七九

實然的風采。
應然的指標。
願然的境界。
三者不僅是哲學家的概念空想。
不僅是詩人和藝術家的荒園清夢。
它們是文明浮沉的漁標。
它們是人性演化的尺度。

一八〇

遺失母愛的社會是個黑暗的社會。
欠缺母愛的世紀是個沒有希望的世紀。

一八一

欠缺母愛的人類是喪失人性的人類——不論是舊人類或新人類。

一八二

什麼是人性黑暗裡的明燈，可以用來尋找遺失的母愛？

一八三

在古舊的年代，無數任勞任怨的母親在人類文明的幕後，默默耕耘。今日的世界，更多恓恓惶惶的媽媽需要危站眾生百象的社會舞臺，表演「作秀」。

一八四

在母愛的原野上，舊時的生母似乎比養母神聖。

可是，今日看來養母或許比生母偉大。
明日呢？

一八五

樹懶兀鷹有母性。
川魚爬蛇欠親情。
而今，嬰兒難望母親有如樹懶般那慢柔溫馴的呵護。
現代的母親多在千忙百亂之間，像川魚似的在滾滾浪濤中，眈眈迴望滿群載沉載浮的「游子」。

一八六

短暫的母愛只是天性自然的激情。
恆常持久的母愛才是文化文明的愛心。

一八七

樹懶兀鷹與生俱來短暫的母愛。
川魚爬蛇未能演化自然而然的親情。

一八八

今日我們欠缺樹懶的慢柔溫馴。
時下人們最多川魚的奔波忙碌。

一八九

沒有沉靜細思，我們如何發掘生命的意義？
只顧忙亂晃動，人生到底呈現什麼價值？

一九〇

親情闕如，怎樣培育人性？
母愛飄失，如何創發文明？

一九一

川魚無辜，牠們只是冷血動物。

一九二

動物因冷血而無情？
還是緣於無情，萬年演化也難逃命運？

一九三

沒有母愛的世界，逐漸演化成冷血的人間。

一九四

人類雖非來自冷血的近期祖先，
可是我們絕對不愁那遙遠遙遠的演化起點？

一九五

如果隔代遺傳不是虛構，
遙遠返祖全無可能？

一九六

宇宙容有物種進化。
世間絕無人性逆流？

一九七

從來的母愛都是流傳著溫馴的血脈。
自古的深情並非騰滾的「熱血滔滔」。

一九八

溫血動物有時熱血滔滔。
熱血滔滔而不知含忍，不能謙懷，有時演成冷血
的變種。
溫血動物有時演成冷血的變種。

一九九

如果你相信物種演化，

你會不會居安思危，遠慮近憂——
溫血的今日，
冷血的昨天，
□血的明日？（註）
（註：空心辭。參見http://humanum.arts.cuhk.edu.hk/~hhho/。）

二〇〇

如果你相信物種演化，
你是否進一步相信：
文明亦物種，人性亦物種？

二〇一

文化開始，文化演化。
文明拓荒，文明演化。

二〇二

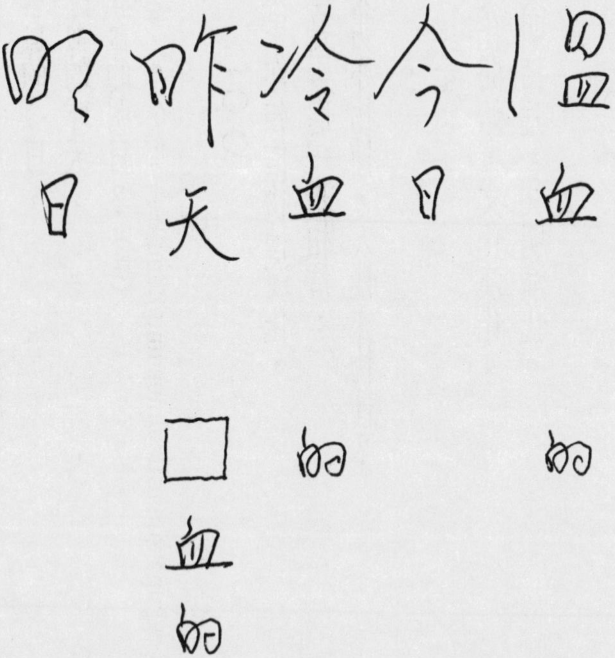
昨 冷 今
日 天 血 日 血
血

人性初現，人性演化。
理性演化。
感情演化。
人類的精神世界步步演化。
人種的心靈真實層層演化。

二〇三

人性並非天性。
天性靠上天維持。
人性賴人類呵護。

二〇四

天性有自然默默支援。
人性靠文化細心耕耘。

二〇五

倘若心甘情願的母親的日子逐漸遠去，
人類情理無根的滿地遊子的時代不日到來。

二〇六

是不是有朝一日，全世界滿城遍野到處流連皆遊子，
猶如大自然長川大溪隨波載浮載沉盡游魚？

二〇七

舊時風雨流浪，思歸有夢，舉目無家的異鄉遊子。
今日歡喜忘形，過門不入，無故流連的本地兒女。

二〇八

社會是部大辭典。
舊日的辭典收錄「中華兒女」。
未來的社會：「街頭兒女」。

天性自然默默人性文化细心

有支援靠耕耘

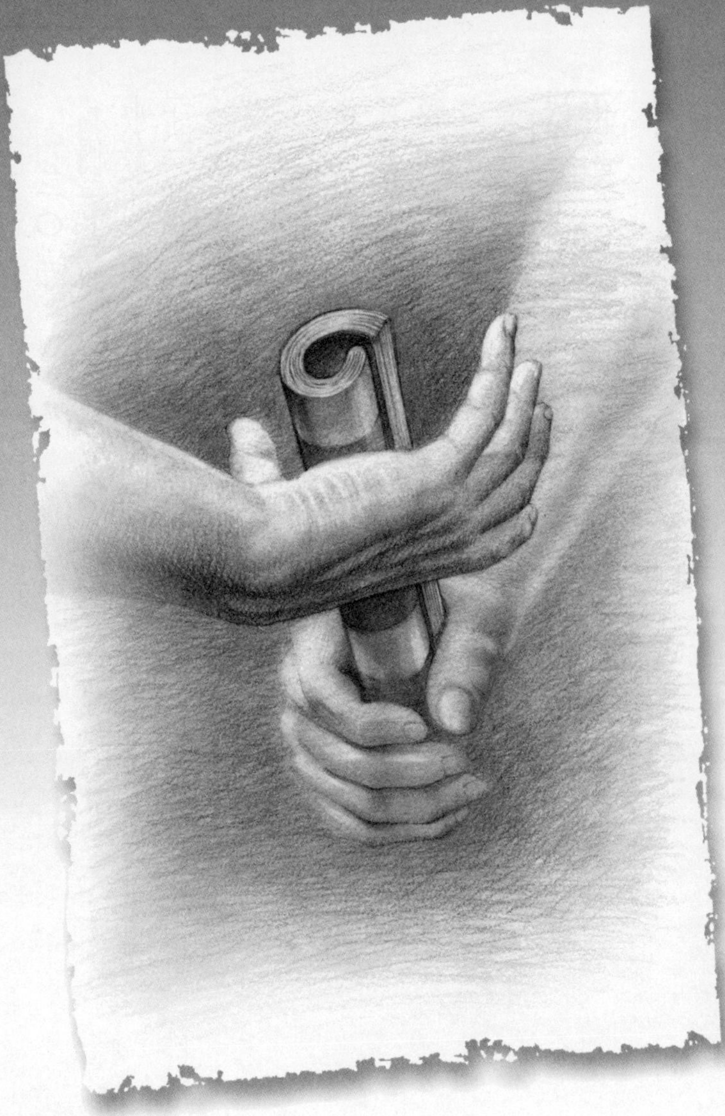

二〇九

我們辭典的詞條蕪蔓迅速。收錄了「街頭兒女」、「街頭女兒」、「街頭巷尾兒子」之後，很快就有「街邊嬰兒」（多義語）、「街邊族」、「街邊子孫」和「街邊後代」。

二一〇

街邊文化未必完全是劣質文化。可是街頭兒女怎樣開創出含辛茹苦的「街頭母愛」？

二一一

沒有街頭母愛，街邊文化豈能成就含辛茹苦的文化。

二一二

含辛茹苦是含忍投入的同義語。
含忍投入才生母愛。
沒有含辛茹苦的文化生發不出含忍投入的母愛。

二一三

舊時家窗小燈好溫暖。
今日街上聲響多開心?!

二一四

體會出的溫暖並非單起於皮膚的感受。
追求到的開心但願不僅滿足官能的感覺。

二一五

世人是否漸漸無視胸口心上的體驗,
轉而蜂擁追求官能皮膚的感覺?

舊时
家窗
小燈
温暖

海

二一六

今日的頻頻「無視」，導致終久的喪失「不語」。
文明如此。
人性也如此。

二一七

今日無視文明的品質，終久喪失文明的品質。
今日無視人性的品質，終久喪失人性的品質。

二一八

欠缺母愛的文化，欠缺文明人性的品質。
欠缺母愛的街頭文化，欠缺文明人性的品質。

二一九

有的家庭不幸淪為欠缺母愛的處所。
有了母愛的地方自成幸福的家庭生態。

二三〇

母親所在的地方，就是遊子盼望的故鄉。

二三一

母愛是鄉心的同義語。

故鄉是母親的代名詞。

（同義能夠「傳心」，代名用來「移情」。）

二三二

對於生長土地的終身懷念，湧起一波一波的鄉情鄉心。

仰望母愛的永恆稱頌，飄傳一曲一曲的「故鄉之歌」。

二三三

何事天下的詩人常有母愛之詩？

母愛是鄉心的同義語

故鄉是母親的代名詞

為什麼所有的文化傳統都唱起故鄉之歌？

二二四

愈多故鄉之歌的國度，是愈文明的國度。
愈倡母愛之詩的文化，是愈人性的文化。

二二五

飲水尚且思源。
為人無需追遠？

二二六

知識仰望權威。
感情不必榜樣？

二二七

我們常見知識裡盲目權威。

人間時聞感情上無賴榜樣。
(每個人都是人生的榜樣，好榜樣，壞榜樣，或是□的榜樣。)

二二八

詩人常寫母愛之詩。
為什麼藝術家鮮見母親的畫像?

二二九

「遊子」的藝術家可曾畫過「手中」有「線」，「身上」無「衣」的「慈母」的□像?

二三〇

裸像當然可以畫，只要教育我們的真善美。

二三一

無衣當然不是一種恥辱。

人間百態：無衣有恥，有衣有恥，有衣無恥，無衣無恥。

二三二

文明是有□無□。

人性是無□有□。

快樂是有□有□。

幸福是無□無□。

二三三

藝術家那麼熱衷於身上無遮的美麗。

我們的美術館照理收藏大批初生嬰兒的畫像。

二三四

初生嬰兒總是太過純真，他們不會擺弄姿勢？

還是藝術家經常喪失童心，任憑彩筆撫首弄姿？

二三五

藝術家多重開拓奮進。

他們有時遺忘了嬰兒在母胎裡培養帶來的純真。

二三六

有些藝術家不是揮舞筆墨渲染。

他們使用「理論」作畫。

二三七

有的攝影師努力爭做藝術家。

他們在相機的鏡頭之前加掛「意識型態」的濾光片。

（意識型態曾經是政治宣傳家的專利。）

二三八

一般我們加掛濾光片，為了阻擋有礙真貌的光譜。藝術家加掛鏡片，難道在於宣示人可勝天，無需自然？

二三九

如果連攝影照相都要做得令鏡前的主體多方不相像，難怪社會上標示的人間榜樣演變得一再不像樣。

二四〇

化妝鏡子照原貌。
人間感情存真實。

二四一

不能照出原貌的，不是化妝用的明鏡。

無法呈顯真實的，不是指導人性文明的感情。

二四二

不真不實的，有可能是理性的動物。
但卻不是感情的動物。
（他們也許是感情的非動物，或是無感無情，有感無情的動物；否則就是不感不情的動物或非動物。）

二四三

不真不實的，沒有可能是理性的動物？
兵家有理性。
兵不厭詐。

二四四

宇宙間許多動物都是理性的動物。

可惜牠們不是感情的動物。

二四五

天下未經絕種的動物都是理性的動物。
可悲牠們無力演化成為感情的動物。

二四六

在演化的過程中，沒有絕種的，一定有理性。
在進化的路上，單有理性，未必不絕種。
文明如此。
人性也如此。

二四七

文明絕非只依理性。
發揚感情始能成就文明。

二四八

有理性未必能人性。
富感情可望成人性。

二四九

理性只是動物的工具。
感情才是人性的文明。
（工具理性萬物皆備，價值感情人類獨有。）

二五〇

明鏡倘若未能坦白如實，
化妝鏡前豈非慇懃白費。

二五一

倘若不為追求真實，人間遲早發明不待化妝永可
照出美貌的鏡子。

二五二

不論美醜，一概照得出美貌的鏡子，不叫著鏡子。

它不是鏡子。

以往強權獨夫粉飾太平的政治，今日偶而也仍出鏡的無事不能自圓的政府發言人，都希望使用這種鏡子自照。

（邏輯上，這種空想的鏡子稱為「必然是美鏡」，或稱「必然無不美鏡」；學名「套套絡基之美鏡」，俗稱「幻想妄美鏡」。）

二五三

邏輯上可以奇思空想的，

實際上未必能夠巧奪天工。

二五四

如果天下美醜皆是美，

那麼世間美醜也都皆為醜。這道理倒是邏輯上的必然，無待顛倒是非，一定成立。

二五五

渴望「美醜皆美鏡」來自照的人，照來照去，死要臉。

妄想使用這種鏡子對世人發言的人，說來說去，死不要臉。

二五六

美醜皆美鏡即使再好，也只能用來自欺。它最致病的要害就是無法用來欺人。

（兒童辭典把它叫做「皇帝的新衣鏡」，凡夫百姓俗稱其為「自欺不欺人鏡」，簡稱「自欺鏡」。由於無法「欺人」，不必將之入辭。）

二五七

真話不必自欺。
謊言無法欺人。

二五八

邏輯上的四種可能：自欺不欺人，不自欺但欺人，
不自欺也不欺人，既自欺又欺人。
這世界什麼樣的人都有：
□□的人自欺不欺人。
□□的人不自欺但欺人。
□□的人不自欺也不欺人。
□□的人既自欺又欺人。

二五九

不自欺的，不一定無自欺。
不欺人的，不必然無欺人。

二六〇

邏輯上有四種人：

有自欺但無欺人，那是□□的人。

無自欺但有欺人，那是□□的人。

有自欺也有欺人，那是□□的人。

無自欺也無欺人，那是□□的人。

二六一

只能用來自照，不能用來照人的鏡子，不是一面明鏡。

只能用來照人，不能用來自照的鏡子，可能是面不客觀但卻有理性的「心鏡」。

二六二

倘若有理性就一定客觀，所有動物都必然是客觀的動物。

二六三

客觀來自無私的主張。
客觀不是動物的遺傳。

二六四

人是動物。
人有理性。
理性的動物未必是客觀的動物。
人未必是客觀的動物。

二六五

客觀不是天性。
訴諸天性的人一生不能客觀。
（鼓吹天生人性論的人，只好窮其一生，拼命與「含忍無私」搏鬥。）

二六六

客觀是文化的產物。
客觀是文明的一角邊牆。
它是人性的一瓣花片。

二六七

天下沒有絕對的客觀。
人生活不出絕對的主觀。

二六八

信神的人不妨這樣懷想：
倘若上帝要人絕對客觀，祂會為人安排上下左右、前後裡外、體外體內，發光明亮的一對對的雙眼。正好像，上帝如果要我們晚睡晚起，一定會為我們創造貓頭鷹一樣的眼睛。
（夜裡的街邊族的無神論者，或許知道如此發問：

天生的雖非夜視眼，人類崇尚演化。
答案：凡人都有權力閉眼靜坐，等待伴隨岩石沙礫，千年萬年的「風化」。但願風化也算演化。
又一答案：演化成貓頭鷹有什麼好？欲知答案多可怕，只好等待天亮，圖書館開門。）

二六九

聽說上帝依照祂的形象造人。
可見上帝也非絕對客觀。
（絕對客觀有什麼好?!
有什麼不好？
有什麼□。）

二七〇

上帝為什麼創給人人雙眼？
答案：讓人可以張隻眼，閉隻眼。

答案：用壞一隻，還有一隻。（中外古今全有獨眼俠和獨眼將軍。）

答案：不讓人「別具隻眼」。（中學生作文的好評語。）

答案：一隻看天，一隻看人；一隻盼好，一隻望壞；一隻□，一隻□。

答案：「二」是聖數。無二則無0與1，則無二進法，則無電腦科技。

答案：□……□。

二七一

客觀不是動物的天性。

客觀來自無私的含忍。

二七二

客觀崇尚穩重。

客觀從來不講究絕對。

二七三

客觀性的品質藏在文明的原野中開拓。
客觀性的方位放在人性的大地上釐清。

二七四

文明標示究竟幾分含忍算是客觀。
人性決定到底多少無私造就客觀。

二七五

蠻荒時代的客觀也許是比較昌明的今日的「雕蟲」。
二十一世紀的客觀一定就不會被下一世紀（或上一世紀）較含忍無私的人譏為「小技」？
（文明人性可能前行，也可能後退。）

二七六

碌碌忙忙站在舞臺表演的，總是一派道貌岸然的主見。

默默無聲躲在幕後工作的，經常需要步步含忍無私的客觀。

二七七

有些人渾身解數在文明的舞臺表演。

有些人含辛茹苦在人性的幕後工作。

二七八

站上舞臺的，總喜歡振臂高呼。

躲在幕後的，除了默默工作？

（除了默默工作，還能怎樣？□？□！）

二七九

振臂高呼的，即使不知何故，也總是若有其事。
默默工作的，總是若無其事，即使明知何故。
（世上有做工的悲哀，也有悲哀的工作。）

二八〇

上舞臺的，準是為表演。
走幕後的，可以不是為工作？

二八一

表演志在掌聲。
工作尋求收穫。

二八二

掌聲有時是種收穫。
那是一種飄盪在空氣中的收穫。

二八三

人生豈只為了在空氣中盪秋千。

二八四

不是為表演，無需爭著上舞臺。
不是因工作，何事辛苦躲藏在幕後？

二八五

自然生態在演進。
文化生態在演進。
人生的表演可以文明化。
世間的表演能夠人性化。

二八六

世上的忙碌表演有時令人開拓奮進。
人間的辛苦工作終久才帶給人安樂多福。

二八七

我們總是輕易忘記，沒有幕後如牛如馬的辛苦工作，哪來臺下如痴如狂的鼓掌喝采。

二八八

倘若有一天，大家爭先恐後，一齊踴上舞臺，要求振奮表演；沒人願意留在幕後，甘心默默辛苦工作。

二八九

在人生的舞臺上，在眾人忙忙碌碌的表演之間，母親總是默默躲在幕後工作。

二九〇

客觀起於含忍無私。我們的時代包庇固執自我。

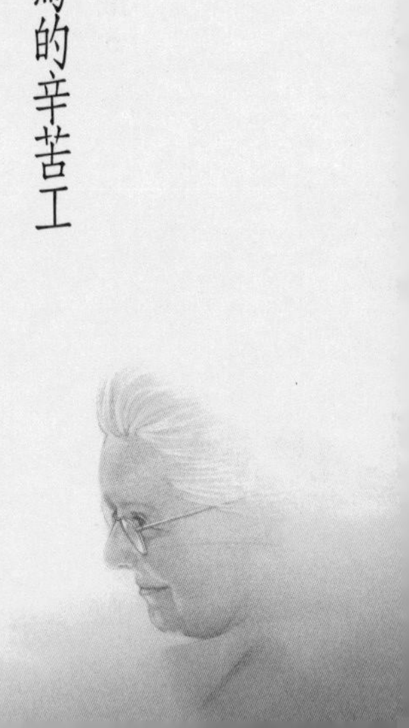

我們的社會縱容自大自私。
我們的時代難以建立客觀。
我們的社會無法維護客觀。

二九一

不固執自我，容易接受客觀。
不自大自私，容易容忍客觀。
母親不固執自我。
母親不自大自私。
母親經常是嘴上無聲，心中客觀的人。

二九二

在人生的境界上，我們追求無需化妝而有美態。
不是沒有美貌，但有如化妝。

二九三

時下的社會文化充斥過多的化妝品。
臉上的化妝和身上的化妝不算，
還有知識的化妝，感情的化妝和道德的化妝。

二九四

少量的化妝也許對自己的身心有益無害。
過多的打扮令自己在他人的心目中，變成非身非心的空殼。

二九五

少女或會鏡前表演弄姿。
嬰兒無需背人學習微笑。

二九六

人們愛用放大聚焦的鏡頭，錄取鮮花明晰的美麗。
他們卻用模糊隱約的柔光鏡，捕捉面龐暗晦的化

妝。

二九七

舊時文化提倡含蓄潛藏。

今日社會講求露骨明晰。

二九八

舊時「庭院深深深幾許」，「牆外行人牆內佳人笑」。

今日對眼不見明晰，不蔽體也許依舊不算暴露。

二九九

含蓄也許不易鑒賞，但它韻味深長。

明晰雖然一覽無遺，只是缺乏「腹地」。

三〇〇

沒有腹地是「不留餘地」的代名詞。

具體的事物如此。
抽象的東西也如此。

三〇一

沒有腹地的城市，要向哪裡繼續拓展？
缺乏腹地的文化，絕崖面前也無法轉向。

三〇二

在一個沒有腹地的城市，住處無法容身的東西，終久只好堆放在大街小巷。
愈大的城市，堆積著愈高的人性垃圾和文明廢物。

三〇三

沒有安排腹地的兵法一定是個無路可退的計畫。這時，並非「勝敗兵家常事」，而是「生死一念之差」。

三〇四

生兵法是兵法，死兵法也是兵法。
生文化是文化，死文化也是文化。

三〇五

舊時，鄉村是城市的腹地。
今日，城市、鄉村，誰也不是誰的什麼。

三〇六

街邊族的最大困境是，
理性欠缺腹地。
感情沒有故鄉。

三〇七

舊時，故鄉是感情的腹地。
今日，舊時感情的腹地，變作堆埋在新廈高樓底

下的虛幻故鄉。

三○八

我們文化中的兒女，起先淪為街邊兒女。
接著，他們演化成沒有故鄉的兒女。

三○九

沒有故鄉的人，沒有理性的故鄉。
沒有故鄉的人，沒有感情的故鄉。
沒有故鄉的人，沒有願望的故鄉。

三一○

沒有故鄉的一代，是無根的一代。
拔去理性的文化的根。
拔去感情的文化的根。
拔去願望的文化的根。

三一一

沒有故鄉的一代，是真正飄泊的一代。
理性的飄泊。
感情的飄泊。
願望的飄泊。

三一二

遺失了故鄉，連遊子的情懷都沾染不上。
在無可奈何中，成了沒有思念的人。

三一三

空懷思念，當不成人間的遊子。
斷絕思念，立刻變作文化的遊魂。

三一四

遊魂是街邊族的同義語。

晚睡晚起的街邊族常常變成文化上的午夜遊魂。

三一五

親情是文明人性的腹地。
母愛是人性文明的故鄉。

三一六

古舊的傳統，往往是文明的腹地。
純樸的母愛，永遠是人性的故鄉。

三一七

有了故鄉，倦鳥知返。
沒有腹地，敗子無處容身回頭。

三一八

欠缺腹地的人類，感覺趨向暴戾。

有著故鄉的人類，情懷變得幽揚。

三一九

現代的文化，急速破壞許多人生長的土地。

時下的人性，有力在母親節獻花，無能對母愛歌唱。

三二〇

母愛不講究你比我較的程度等級。

母愛自求無止無境的絕對完美。

三二一

這不是絕對主義的時代。

卻也同時遺失了母愛涵蘊的完美主義。

三二二

為了致力摒棄絕對思想，
我們何需順手開除完美主義？

三一三

絕對主義是形上的迷妄。
完美主義是心靈的嚮往。

三一四

絕對主義是宗教的迷信。
完美主義是文明的願望。

三一五

絕對主義是政治的禁忌。
完美主義是人性的理想。

三一六

人類的謙懷自應將理想的絕對放置天上。
心靈的願望豈能把完美的追尋驅離人間。

三三七

生命的悲劇是，心靈飛揚天上，雙腳困住人間。
甜蜜的情，是人間的愛。
真正的愛，是天上的情。

三三八

古代的西方曾有他們自傲中的謙懷，
柏拉圖將形上的絕對放諸天上。
東方的古代自有他們謙懷裡的自傲，
儒者把世間的完美收歸人心。

三三九

柏拉圖是個絕對的哲學家。

絕對的哲學家的錯誤，看來也頗為絕對。
他最最絕對的錯誤也許在於：
政治的理想趨於絕對。
人間的真實卻視作等閒。

三三〇

如果容有「最絕對」，接著就會有「最最絕對」。
一有最最絕對，也就再沒有絕對。

三三一

政治上的領袖有時妄想絕對。
領袖就領袖。
絕對一膨脹，變成不絕對。

三三二

「最高領袖」有時說來振奮人心，有時聽來令人

討厭。

「最最絕對」有時說來加強語氣，有時聽來全無真理。（歌功頌德需要相應內涵，用語遣辭豈可隨便文章。）

三三三

人間最值得歌頌的，莫非含忍無私的母親？

世上最令人景仰的，通常不是據說「德大功高」的「偉大領袖」。

三三四

領袖的偉大聽來功高震天，力大懾人。

母親的含忍無需人說總是悲天憫人。

三三五

震天的往往不畏天。
不畏天的通常不知憫人。

三三六

天下好多人，天不怕，地不怕，只怕他母親。
人間好多人，是多好的人。

三三七

怕天的是聖人。
怕天怕地的是農人。
怕母親的是好人。

三三八

柏拉圖大概愛天而不怕天。
他最偉大的發明是天上的「理型」。
他最嚮往的是致力開發自己這個發明。

三三九

柏拉圖的天上理型人人盡知。
他鮮為人傳誦的自大是，誤將詩人當成撒謊的人。

三四〇

倘若不理會柏拉圖的天上理型的人，就算是見不到真理的人，
柏拉圖豈非變成哲學中的最最絕對的最最偉大的最最領袖？

三四一

柏拉圖何以不惜詰責詩人？
因為當時詩人拒絕譜寫母愛，
還是因為雅典的希臘沒有含忍無私的母親？

三四二

柏拉圖未曾唸過母愛的詩歌？
抑或在心目中，
只有一派道貌岸然的天上理型的嚴父，
沒有一生含忍無私的地面上的慈母？
（人間「慈母手中線」時，嚴父早已在天上？）

三四三

柏拉圖是否最鍾情「吾愛吾師」的亞里士多德的理性，那需進一步查證。
但他最不愛那不知「吾更愛真理」的詩人的情懷，則似歷歷彰彰。

三四四

西人說，哲學等於柏拉圖，
柏拉圖就是哲學。
柏拉圖什麼都好，就是缺少一位孟母。

或岳母，或蘇母。

三四五

柏拉圖的才氣好像出於天生。
不像孟子、岳飛、蘇東坡，
他們的天分顯然是母親生的。

三四六

柏拉圖的哲學宮殿興蓋於三支華美宏偉的形上大柱之上：
天上理型大柱、知識前世來大柱、靈魂不滅大柱。
倘若有一天他的宮殿不幸傾覆，
大概並非蝗蟻蛀樑，
大概因為他過分小看詩人的緣故。
（元曲有云：「眼看他起高樓，眼看他宴賓客，眼看他樓塌了。」）

三四七

西方哲人有西方哲人的智慧，
他們有他們天上的眼光。
東方聖人有東方聖人的智慧，
他們有他們人間的情懷。

三四八

同樣為了開文明，
同樣緣起拓人性。
有的智慧生發文明的眼光，
有的智慧長成人性的情懷。

三四九

古時雅典是否罕見含忍的慈母，史書未見詳盡記載。
柏拉圖的「哲學學院」牆外，盛傳理性之父那囂

張的「惡妻」，則留名千古。
（有人戲稱：亞里士多德在頭挨滿盆冷水之餘，尚能冒出既理性又合科學的解釋：「劇雷之後，必有驟雨。」此「必」字甚為切要。後來亞里士多德成了「必然性邏輯」（模態邏輯）的始祖。含有模態辭的語句一例：「必然地，若劇雷則驟雨。」簡言之：「劇雷（之後）必（有）驟雨。」）

三五〇

雅典的希臘哪會不見含忍無私的慈母？
理性的雅典盛產能辯善舞的惡妻？

三五一

人間倘若遍地皆慈母，
世上「必然」到處少惡妻。
（在語彙的辭書中，「必然」絕不是「或許」的同

義語。可是在今日的社會上，「必然」高不可攀，「或許」差可比擬。）

三五二

邏輯上，慈母當然不是惡妻的反義語。可是在文明人性中，我們有什麼理性的道理，一定要認為媳婦沒有一顆會被感動的心。

三五三

媳婦有時喜歡「進步」自封。自封則不進步。
（「進步自封」和「故步自封」都是自封。兩者具有完全相同的邏輯形式；□□自封。）

三五四

媳婦有時不免自封進步。

進步或許新潮。
新潮未必含忍無私；
進步未必含忍無私。

三五五

天下的母親甚少你追我趕於進步的新潮。
她們也不見亦步亦趨於新潮的進步。
（母親的情懷在含忍，她們的心願存含忍。）

三五六

在幾何上，三角形雖然是豐富多能的構圖「理型」，但是，在算術中，「三」卻不是什麼神聖不可侵犯的數目。
（在理論數學的語彙裡，「算術」是「數論」的同義語。真的。）

三五七

在玄學思辨的形上構作裡，「一生二，二生三」的模式也許美妙極致，

可是，在文明人性的演化開拓過程中，一曰理性，二曰道德，經常大為不足。

就是三曰感情，有時依舊危機重重。

若求圓滿，四曰意志，或曰願望，則可望不致寸步惟艱，免於功虧一簣。

（當然「四」亦非形上的神聖，但卻是形下的良方。）

三五八

如果只計邏輯簡單，

如果只要物理成立；

天下何以並非到處三腳几？

世上為什麼仍不頻頻流行三足椅？

（相對地，兩腳几雖然在邏輯上不是幻想，兩足椅在物理上卻驚險過「騎牆」。）

三五九

原本在幾何原理上，三足就可以安穩屹立。
何以在人間，卻需「四腳」才不「朝天」？

三六〇

在人性的辭書裡，「三」腳朝天並未成為駭人的警世之語，
雖然「五」體投地有時未免表現得過分謙虛。

三六一

倘若連初生嬰兒，也能與生俱來，正襟危坐，
那麼我們大可放任安心，讓名師木匠巧奪天工，
設計一張美妙絕對的單腳凳。

三六二

倘若人性天生文明，
或許我們只需一張簡簡單單的感情的單腳凳。
其他諸如理性，諸如道德，諸如意志，諸如願望，
全如錦上添花，皆可輕鬆對待，遊戲視之。

三六三

不論人性是否天賦文明，
不論人類祖先是否起步野蠻，
最要者，人是感情的動物。
然後才能善理性，然後才能善道德，然後才能善
意志，然後才能善願望。

三六四

倘若人非感情的動物，
誰能存活由歷久需人授乳的待哺幼嬰？

倘若人非感情的動物，
誰能成就自步步待人扶持的無助孩童？

三六五

不必細究文明的初起，
只需簡單發問：
人類的嬰兒由誰含辛授乳？
無需深想人性的路，
只要略加思察：
大地的孩童誰來茹苦養育？

三六六

母親若不含忍，嬰兒如何哺乳？
母親若非無私，孩童怎樣長大？

三六七

在母親的辭典裡，「含忍無私」是「含辛茹苦」的同義語。

在文明人性的路上，含辛茹苦是含忍無私的代名詞。

三六八

這世界到底先有母親，才產生家庭，

還是先有家庭，發明母親？

（我們只要想像，但別憑空。沒有想像力的，身邊早有人類學家。）

三六九

母系社會是人性演化的第一步。

它並非女權運動的荒園清夢。

三七〇

人性演化歷程豈只千步百步。
女權運動是文明社會的結論，
不是社會文明的前提。

三七一
母愛的前提不在女權。
女權也未必是母愛的結論。

三七二
母愛和女權並沒有必然的邏輯關聯。
不過女權運動的健將個個在人間全都有他們的母親。

三七三
母親育嬰授乳，私下翻開胸衣。
女權健將跟隨母親，卻在眾人之前露體。

三七四

大家也許都在模仿自己的母親，
不過有人著眼含忍多情的內心，
有人看到茹苦有用的身體。

三七五

母親慈愛幼嬰的子女，解除乳罩。
女權健將對抗社會文化的傳統，打開胸膛。

三七六

天下歌頌母愛的詩人多男子。
人間支持婦解的健將豈女人？

三七七

家庭的母愛和社會的女權，並無必然的邏輯關係。
人間的女權和天上的嚴父，卻有可能的實質牽連。

三七八

「口中有父，心中無父」的邏輯形式，很像「手上無劍，心中有劍」。

它只不過上下顛倒。

「口中無母，心中有母」的實質內涵，最接近「口中無情，心中有愛」。

它不愁裡外合一。

（天理人情的邏輯配列：口中有□心中有□，口中無□心中有□，口中有□心中無□，口中無□心中無□。）

三七九

猿猴猩猩多有雌性團體。

川魚爬蛇沒有母系社會。

三八〇

人性文明自有它搖籃的日子，
母親總是含辛茹苦。
文明人性不斷經歷其孩童的過程。
母愛不時含忍無私。

三八一

真正的母親是人性文明的母親。
永恆的母愛是文明人性的母愛。
（母愛是個人的喜悅，它卻是人性的福澤。）

三八二

簡單雖然常見優美，
過分追求簡約，變得無以遮光蔽體。

三八三

有時複雜涵蘊玄機，

然而過分的繁雜，令人不知如何解謎接納。

三八四

一眼見底，有一眼見底的清澈。
百囀難解，有百囀難解的餘音。

三八五

單腳椅理該最簡單，你敢隨便就坐？
百足凳也許最穩重，你可能夠輕易忍受？

三八六

柏拉圖愛幾何。
幾何到處充滿天上的理型。
幾何有時觸發人間的謬誤。

三八七

推崇平面幾何無辜。

迷信哲學「三柱」的宮殿有過。

（有過如果有罪，柏拉圖的原過演成西方哲學的「原罪」。）

三八八

哲學家處心積慮，放膽構作天上幾何的交椅。

一般人刻苦耐勞，小心仿製人間物理的坐凳。

三八九

哲學家無畏地，在理念上奮勇開拓。

一般人謹慎地，在實踐中摸黑過河。

（天上有天上的文明，人間有人間的蠻荒。）

三九〇

柏拉圖那哲學上的三柱形上宮殿，

有如人間幾何理型下的三腳交椅。
在幾何上完美成立，
可惜在物理上，有時好不驚險。

三九一

活在這世上，人貴自知。
哲學家總是知天，
有時哲學家好像不是活在人間的人。

三九二

哲學家有時成了永恆的遊子。
他們常常是沒有故鄉的人。

三九三

哲學家凝視天上。
他們以為真理所在的地方就是故鄉。

三九四

真理無故土。
哲學有家園。

三九五

自命不凡，就真正不凡？
自命沒有故鄉，就等於無需故鄉？

三九六

自小聽人說，好好的人為什麼讀哲學？
為什麼沒什麼人問，有情有願的人為什麼不去改寫哲學？

三九七

「好好的人為什麼讀哲學？」
「難道壞壞的人才去讀哲學？」

三九八

壞壞的人讀了哲學，不一定淪為壞人。
好好的人不讀哲學，就必定成就為好人？

三九九

世上怎樣界定公義？
男子半個夜晚已算多情。
女人九個長月仍然未盡含忍。

四〇〇

人間如何計較平等？
男子一次的奮進開拓。
女人九月的含辛茹苦，一生的含忍無私。

四〇一

上天怎樣計量公平？

男人狂喜也就罷了。
女子害喜萬不輕鬆。

四〇二

在愛的園地裡，
有人默默在對天說話，
他並不急於向人間宣述。

四〇三

母愛只顧對天宣述。
母愛不急於向人間交代。

四〇四

倘若一年三百六十五又四分之一天當中，我們只
能空出一日的慶節，
我們只需慶祝母親節。

四〇五

自己母親的生日，就是自己的母親節。

四〇六

母親節是最甜美的節日。
不管你是誰，
不管在日曆上是別人的哪一天，
對你，那是□月□日。

四〇七

世上有哪一天，
人間有哪一家，
沒有母親在含辛茹苦，在含忍無私？
今天，明天，
家家戶戶，
一年三百六十六日，

每天都是母親節。
（地球角落，海角天涯，日正當空，晚窗斜月，全都有人慶祝母親節。）

四〇八

母愛闡發人性，但卻難以言詮。

四〇九

世間沒有另一種高貴的品質像母愛。
母愛是無法翻譯的人性記號。

四一〇

母愛是人性的路。
（同五，又同一一二。真理不怕再現，真情不畏循環。）

母愛是
人性的路

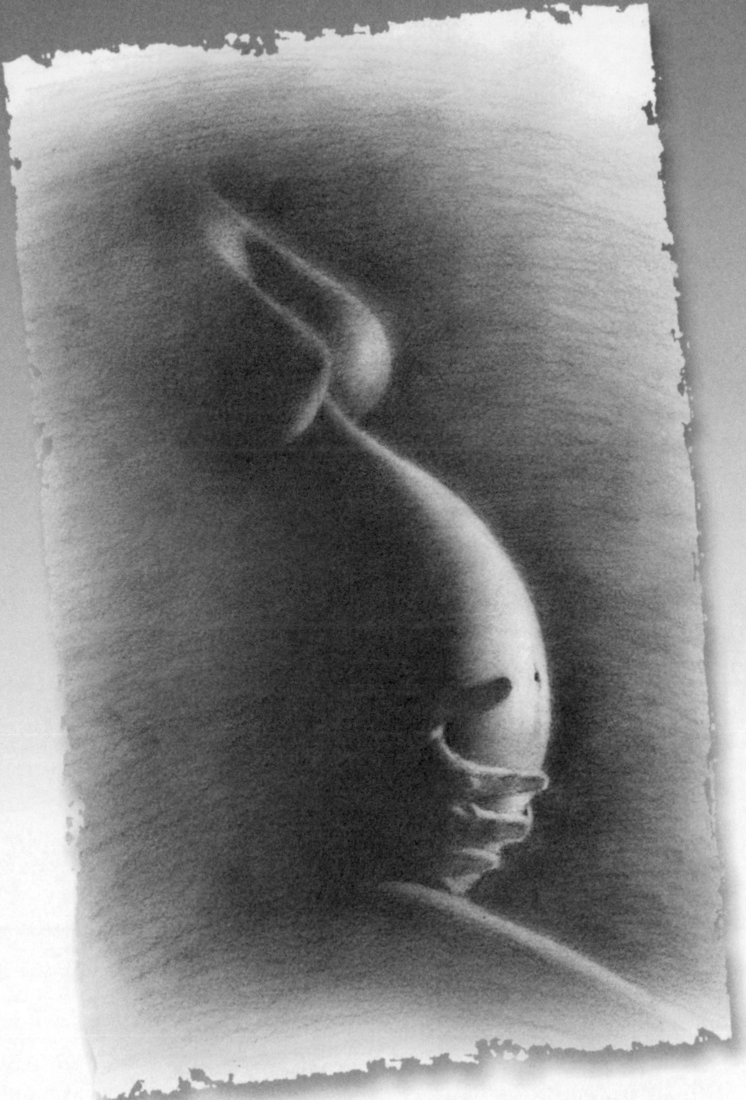

國家圖書館出版品預行編目資料

人生小語(十):母愛・人性的路 / 何秀煌著;劉俊良繪圖－－初版一刷.－－臺北市;東大,2003
面; 公分－－(滄海叢刊.語文・一般文集)
ISBN 957-19-2741-4(精裝)
ISBN 957-19-2742-2(平裝)
1.格言 2.修身

192.8　　　92013313

網路書店位址 http://www.sanmin.com.tw

——母愛・人性的路

著作人 何秀煌
繪圖者 劉俊良
發行人 劉仲文
著作財產權人 東大圖書股份有限公司
臺北市復興北路386號
發行所 東大圖書股份有限公司
地址/臺北市復興北路386號
電話/(02)25006600
郵撥/0107175-0
印刷所 東大圖書股份有限公司
門市部 復北店/臺北市復興北路386號
重南店/臺北市重慶南路一段61號
初版一刷 2003年8月
編　號 E 85666-1
基本定價 伍元肆角
行政院新聞局登記證局版臺業字第〇一九七號

ISBN 957-19-2741-4 (精裝)